●商务汉语教材

经贸洽谈 ABC

（下）

主编　刘丽瑛

编著　刘丽瑛　种国胜

英译　李晓敏

北京语言大学出版社

BEIJING LANGUAGE AND CULTURE
UNIVERSITY PRESS

图书在版编目(CIP)数据

经贸洽谈 ABC(下)/刘丽瑛主编;刘丽瑛,种国胜编著,李晓敏译.
—北京:北京语言大学出版社,2008 重印
ISBN 978－7－5619－1089－4

Ⅰ.经…
Ⅱ.①刘… ②刘… ③种… ④李…
Ⅲ.商务－汉语－口语－对外汉语教学－教材
Ⅳ.H195.4

中国版本图书馆 CIP 数据核字(2002)第 045542 号

书　　名:经贸洽谈 ABC（下）
责任印制:陈　辉

出版发行:北京语言大学出版社
社　　址:北京市海淀区学院路 15 号　邮政编码:100083
网　　址:www.blcup.com
电　　话:发行部　82303648 /3591 /3651
　　　　　编辑部　82303647
　　　　　读者服务部　82303653 /3908
　　　　　网上订购电话　82303668
　　　　　客户服务信箱　service@blcup.net
印　　刷:北京外文印刷厂
经　　销:全国新华书店

版　　次:2002 年 11 月第 1 版　2008 年 7 月第 3 次印刷
开　　本:787 毫米×1092 毫米　1 /16　印张:15.5
字　　数:260 千字　　印数:6001—7000 册
书　　号:ISBN 978－7－5619－1089－4 / H·02075
定　　价:36.00 元

凡有印装质量问题，本社负责调换。电话:82303590

目　　录

第十三单元　从实际出发

关键词语：交货时间　销售市场　装运港　旺季　预测
　　　　　交货地点　装船日期　目的港　舱位　订购

比较的表达方式

1. 再说，天气的阴晴冷暖，<u>跟</u>我们的生活<u>一样</u>，也是经常变化的。

2. 据有关人士预测，今年冬天要<u>比</u>往年冷<u>一些</u>。

3. 部分包机<u>没有</u>班机<u>那么</u>及<u>时</u>。

4. 我看药疗<u>比不上</u>针灸或按摩的效果<u>好</u>。

5. <u>相比之下</u>，这个办法更好些。

6. <u>相比之下</u>，骑车<u>比</u>坐车的好处<u>多得多</u>。

7. 这几年，中国人的生活<u>一天比一天</u>好，不少人买了家用轿车。

8. 比如空气污染，这<u>比</u>道路问题<u>更</u>难解决。

9. 我认为，目的港在多伦多<u>不如</u>在温哥华。

10. 这两个港口<u>没多少差别</u>。

会　话　1

（去香山的路上）
路易斯：罗小姐，每年都去看红叶吗？
罗小萍：不，工作以后，几乎就没去过。

1

路易斯：这回可要麻烦您当导游了。

罗小萍：不客气。遗憾的是，今天天气不太好。

路易斯：没关系。雨中的红叶，可能会更好看。

罗小萍：没想到您还是个乐天派呢。

路易斯：过奖了。随遇而安嘛。再说，天气的阴晴冷暖，跟我们的生活一样，也是经常变化的。

罗小萍：那倒是。据气象预报说，明后天还要降温。

路易斯：你看，老天要发脾气，谁也挡不住。

罗小萍：您真有意思。不过，据有关人士预测，今年冬天要比往年冷一些。

路易斯：是的。所以我们公司提前进口了一批羊绒大衣和羽绒服。

罗小萍：真有远见。看来，掌握气象信息，有利于及时预测市场需求。

路易斯：那当然。在我们国家，气象部门与许多大企业签订合同，及时为他们提供有偿气象服务。

罗小萍：听说有的商业企业还成立专门的机构，收集各地的气象信息，作为确定进出口货物数量和种类的参考。

路易斯：可不。据预测，今年12月，欧洲的平均气温要下降5.6度，所以我希望11月20日以前交货。

罗小萍：那没几天了，只能采用空运。

路易斯：是的，否则就赶不上销售旺季啦。

罗小萍：用班机还是包机？

路易斯：为了降低运输成本，当然包机更好一些啦。

罗小萍：可部分包机没有班机那么及时。

路易斯：您的意思是……

罗小萍：我担心，如果预订不上舱位，就不能按时装运。

路易斯：这倒是个麻烦事。

罗小萍：这样吧，我马上向航空运输公司咨询一下，如果有问题，我们再想别的办法。

路易斯：谢谢。

生　词　New Words

1. 导游　　　　（名／动）　dǎoyóu　　　tour guide; guide a
   　　　　　　　　　　　　　　　　　sightseeing tour

2. 乐天派　　　（名）　　　lètiānpài　　optimist

2

3.	再说	（连）	zàishuō	moreover; in addition
4.	气象	（名）	qìxiàng	meteorological phenomena; wheather
5.	预报	（动／名）	yùbào	to forecast; forecast
6.	老天	（名）	lǎotiān	God; Heavens
7.	发脾气		fā píqi	to get angry; to lose one's temper
8.	挡	（动）	dǎng	to block; to prevent
9.	人士	（名）	rénshì	personage
10.	预测	（动）	yùcè	to predict; to foretell
11.	提前	（动）	tíqián	ahead of schedule; in advance
12.	羊绒	（名）	yángróng	cashmere
13.	羽绒服	（名）	yǔróngfú	eider down outerwear
14.	远见	（名）	yuǎnjiàn	foresight
15.	掌握	（动）	zhǎngwò	to know well
16.	需求	（名）	xūqiú	to demand
17.	合同	（名）	hétong	contract
18.	有偿	（动）	yǒucháng	not gratuitous; paid
19.	专门	（形）	zhuānmén	special
20.	收集	（动）	shōují	to collect
21.	确定	（动）	quèdìng	to determine; to decide
22.	参考	（动／名）	cānkǎo	to refer to; reference
23.	平均	（动／形）	píngjūn	average
24.	空运		kōngyùn	air transport
25.	赶	（动）	gǎn	to try to be in time for; to try to catch
26.	旺季	（名）	wàngjì	busy season
27.	班机	（名）	bānjī	airliner
28.	包机	（名）	bāojī	chartered flight
29.	及时	（形）	jíshí	in time
30.	舱位	（名）	cāngwèi	berth; cabin seat
31.	咨询	（动）	zīxún	to consult

专 名　Proper Nouns

1. 罗小萍　　　　Luó Xiǎopíng　name of a person
2. 路易斯　　　　Lùyìsī　　　　Louis
3. 香山　　　　　Xiāng Shān　　the Fragrant Hill
4. 欧洲　　　　　Ōu Zhōu　　　Europe

注　释　Notes

1. 过奖

谦辞。意思是"过分地表扬或夸奖"。多用在对话，回应对方表扬或称赞自己时。常与"了"或"啦"连用。如：

过奖，mostly used in conversation to show modesty, means "You are flattering me." 了 or 啦 often follows it.

(1) A: 李先生，您的促销方法很有效嘛！

　　B: 过奖，过奖了。

(2) A: 王经理，您的公司发展真快呀！

　　B: 啊，您过奖啦。

2. 随遇而安

成语。表示"能够适应各种环境，对任何环境都能满足"。如：

This idiom means "able to adapt oneself to different circumstances and feel contented."

(1) 依我看，学会随遇而安，有益于身心健康。

(2) A: 我真佩服你，不论到了什么地方，都能很快地适应环境。

　　B: 过奖了。不过我觉得，随遇而安对自己只有好处，没有坏处。

3. 再说

连词。表示在已有理由之外，再追加一些理由。如：

The conjunction 再说 means "morever."

(1) 我认为这批货物应该重新包装。再说，厂方也同意支付这笔费用。

(2) 目的港应改在上海。再说，这也是对方的要求。

4. 谁

疑问代词。表示"任指"，可以代表任何人。

4

The interrogative pronoun 谁 can be used to refer to anyone.

(1) 谁也不知道这个消息。

(2) 那个地方环境很不好，谁都不愿意去旅游。

5．A 比 B ＋ 谓语（动／形）＋ 数量补语

比较句式。表示"对不同时期的同一事物的比较"，或"对两种不同事物的比较"。如：

This pattern of comparison makes comparison between two different things or of one thing at different times.

(1) 苹果的销量，今年比去年增加了两成。

(2) 采用这种支付方式比其他的保险一些。

6．A 没有 B 那么／这么＋形容词

比较句式。表示"A 比不上 B"。如：

This pattern of comparison indicates that something cannot compare with the other or the present condition cannot compare with the past.

(1) 他的工作没有你这么认真。

(2) 今年的销量没有往年那么多。

(3) 上海的冬天从来没有今年这么冷过。

练 习 Exercises

一、根据《会话 1》的内容，回答下列问题：

Answer the following questions according to Dialogue 1:

1．这几天的天气怎么样？

2．为什么许多大企业与气象部门签订合同呢？

3．外商进口了一批什么货物？

4．外商为什么希望 11 月中旬以前交货？

5．与班机相比，部分包机运输有哪些特点？

二、选择下列词语填空

Fill in the blanks with appropriate words given below:

谁、几乎、再说、过奖、赶不上

1．在市场上，这种商品（　　）见不到了。

2．这个办法不错，我想（　　）也不会反对的。

5

3. 再不走，可就（　　）火车了。

4.（　　）了，没你说的那么好。

5. 三月初交货有困难。（　　），销售旺季是四月中旬嘛。

三、填写适当的词语：

Fill in the blanks with appropriate words:

1. 有偿_____　　2. 收集_____　　3. 作为_____

4. 销售_____　　5. 预订_____　　6. 运输_____

会 话 2

（在天华有限公司的谈判室内）

赵磊：脸色不大好看嘛，杰克先生。

杰克：啊，昨天晚上没有睡好，头有些疼。

赵磊：要看大夫吗？

杰克：不要紧，谢谢。老毛病，吃片药就没事儿啦。

赵磊：我看药疗比不上针灸或按摩的效果好。

杰克：我也试过，可一忙起来就坚持不了。噢，看我，说跑题啦。

赵磊：那咱们接着昨天的内容谈吧。

杰克：好，在支付上，我们双方的看法基本一致。

赵磊：可以这么说，采用即期 D / P 托收方式。

杰克：是的。在交货时间上，我感到贵方好像还有什么保留意见。

赵磊：那倒不是。您也知道，这批空调是根据贵方要求，专门设计生产的。

杰克：是的。我们非常感谢贵方的帮助。

赵磊：这是应该的。但原计划是 5 月上旬交货，对吧？

杰克：是的。可有些事儿我们也没料到。用户突然提出，装船日期最晚不得超过 4 月 20 号。

赵磊：您的难处我们理解，可我们也有困难啊。

杰克：这我知道。但时间上相差不多嘛。

赵磊：是的，但我方需要提前办理报关手续。您看这样好吗？部分货物改成其他型号的空调。

杰克：这虽然是个办法，但用户订购的货物是不能改变的。

赵磊：还有一个办法，不知贵方是否同意？

杰克：说说看。

赵磊：我已和厂家联系过了，他们的意思是，如果要提前交货，就得加班生产。

杰克：可以。相比之下，这个办法更好些。

赵磊：厂家提出，贵方应提供加班费用。

杰克：这没问题，只要把加班时间计算清楚就行了。

赵磊：可以，一有结果我马上通知您。

杰克：好的，等您的消息。

生　词　New Words

1. 不大	（副）	búdà	not very
2. 毛病	（名）	máobìng	illness; disease
3. 没事儿		méishìr	it doesn't matter
4. 药疗		yàoliáo	to treat with medicine
5. 针灸	（动）	zhēnjiǔ	acupuncture and moxibustion
6. 按摩	（名/动）	ànmó	massage
7. 跑题	（离）	pǎo tí	off the point
8. 基本	（形）	jīběn	basic
9. 保留	（动）	bǎoliú	to keep
10. 空调	（名）	kōngtiáo	air conditioner
11. 设计	（动/名）	shèjì	to design; design
12. 原	（形）	yuán	original; primary
13. 上旬	（名）	shàngxún	the first ten days of a month
14. 料	（动）	liào	to expect
15. 难处	（名）	nánchù	difficulty; trouble
16. 超过	（动）	chāoguò	to surpass; to exceed
17. 加班	（离）	jiā bān	to work overtime

专　名　Proper Nouns

1. 天华有限公司	Tiānhuá Yǒuxiàn Gōngsī	Tianhua Co., Ltd.
2. 杰克	Jiékè	Jack
3. 赵磊	Zhào Lěi	name of a person

注　释　Notes

1. 不大

习用语。表示"程度不重",构成短语"不大(不怎么)＋动词/形容词"。如：

This idiomatic expression in the construction 不大（不怎么）＋ verb/adjective means "not very."

(1) 他好像不大满意。

(2) 这种做法，他不大赞成。

(3) 你说的话，我不怎么明白。

(4) 这几天，我不大舒服。

2. 不要紧

习用语。表示"不成问题"或"没什么"的意思。如：

This idiomatic expression means "no problem" or "nothing serious."

(1) 不要紧，我与对方商量一下。

(2) 不要紧，休息几天就好了。

3. 没事儿

习用语。表示"没关系"或"不用担心"。常用在对话中。如：

This idiomatic expression, mostly used in conversation, means "it doesn't matter" or "don't worry."

(1) A：对不起，又来麻烦您了。

　　B：没事儿，有话尽管说。

(2) A：小王，对方的信用证怎么还没到？

　　B：没事儿，过两天准到。

4. 看我

习用语。表示"责怪自己"或"对自己的行为不满"。如：

This idiomatic expression shows dissatisfaction with oneself.

(1) 看我，又弄错了。

(2) 看我，又忘了。

5. 不得

习用语。用在别的动词前，表示"不许可"或"不允许"。如：

This idiomatic expression preceding a verb means "not allowed."

8

(1) 进口这种产品是有限制的，最多不得超过 10 公吨。

(2) 如果没有批准文件，工厂不得生产这种产品。

练 习 Exercises

一、根据《会话 2》的内容，回答下列问题：

Answer the following questions according to Dialogue 2：

1. 谈判开始前，双方谈什么了？

2. 双方同意采用哪种支付方式？

3. 谁要求提前交货？

4. 如果提前交货，中方提出了哪几种建议？

5. 加班费用如何计算？

二、选择下列词语填空：

Fill in the blanks with appropriate words given below：

    不要紧、没事儿、不得、不大、看我

1. 听说这批货物的质量（   ）好。

2. 按惯例，船方（   ）修改提单内容。

3. （   ），过几天我问一下。

4. （   ），又忘了打电话了。

5. （   ），三天之内肯定有消息。

三、填写适当的词语：

Fill in the blanks with appropriate words：

1. 保留_____   2. 专门_____   3. 超过_____

4. 改变_____   5. 提前_____   6. 加班_____

会 话 3

（在飞龙自行车有限公司的谈判室内）

乔治：陈先生，您每天上下班，坐车还是骑车？

陈成：骑车。自行车是中国人的主要交通工具。

乔治：不错。相比之下，骑车比坐车的好处多得多。

陈成：是的。既经济，又方便，可以说是一举两得。

乔治：依我看，应该是一举多得。

陈成：也对。既能锻炼身体，又能节约能源。

乔治：你看，好处还真不少。这几年，中国人的生活一天比一天好，不少人买了家用轿车。

陈成：但中国人口多，能源紧张，目前还不宜大力提倡购买私人轿车。

乔治：有些道理。目前，中国的道路还满足不了轿车发展的需要。

陈成：国情不同，盲目发展，会带来很多麻烦。

乔治：是的。比如空气污染，这比道路问题更难解决。

陈成：可不。有些国家为了解决这些问题，提倡公民上下班乘坐公交车或骑自行车。

乔治：这不能不说是一个解决问题的好办法，一切从实际出发嘛。

陈成：要说从实际出发，我们刚才讨论的问题，还应该再交换一下意见。

乔治：是交货时间，还是交货地点呢？

陈成：都有关系。我认为，目的港在多伦多不如在温哥华。

乔治：如果在蒙特利尔呢？

陈成：这两个港口没多少差别。

乔治：可我们的销售市场主要在这一带。

陈成：那3月底以前根本无法交货。

乔治：我们希望4月底以前交货。

陈成：您也知道，温哥华是天然不冻港，交货时间比较灵活。

乔治：可这要增加内陆运输费用，并直接影响到零售价格。

陈成：那好，我们尊重贵方的意见，目的港在多伦多。

乔治：谢谢。装运港在上海。

陈成：对。那我们谈下个问题吧。

乔治：好的。

生　词　New Words

1. 工具　　　（名）　　gōngjù　　　　means; instrument
2. 经济　　　（形）　　jīngjì　　　　economical
3. 节约　　　（动）　　jiéyuē　　　　to economize; to practice thrift
4. 能源　　　（名）　　néngyuán　　　energy resources
5. 不少　　　（形）　　bùshǎo　　　　many; a lot of
6. 不宜　　　（副）　　bùyí　　　　　not suitable; inadvisable

10

7. 大力	（副）	dàlì	vigorously; energetically
8. 提倡	（动）	tíchàng	to advocate
9. 私人	（名）	sīrén	private
10. 国情	（名）	guóqíng	national conditions
11. 盲目	（形）	mángmù	blind
12. 污染	（动/名）	wūrǎn	to pollute; pollution
13. 公民	（名）	gōngmín	citizen
14. 乘坐	（动）	chéngzuò	to ride; to take（vehicles）
15. 差别	（名）	chābié	difference; disparity
16. 根本	（名/形）	gēnběn	（*often in negative*）at all; entirely; utterly
17. 天然	（形）	tiānrán	natural
18. 不冻港	（名）	búdònggǎng	ice-free port
19. 内陆		nèilù	inland
20. 零售	（动）	língshòu	to sell by retail
21. 尊重	（动）	zūnzhòng	to respect

专 名 Proper Nouns

1. 飞龙有限公司	Fēilóng Yǒuxiàn Gōngsī	Feilong Co., Ltd.
2. 陈成	Chén Chéng	name of a person
3. 多伦多	Duōlúnduō	Toronto
4. 蒙特利尔	Méngtèlì'ěr	Montreal

注 释 Notes

1. 相比之下

固定词组。表示"不同的事物相互比较"。后一分句是结果或结论。如：

This phrase indicates comparison. The latter part of the sentence shows the result of the comparison or the conclusion drawn from it.

（1）相比之下，这种品牌的质量最好。

（2）相比之下，这种方法更容易被消费者接受。

2．A 比 B + 谓语（动/形）+ 得多

比较句式。表示"通过比较之后，发现 A 比 B 更……"。如：

This pattern of comparison indicates that through comparison, A is found more... than B.

(1) 这种苹果的味道比其他品种的好得多。

(2) 对这方面的情况，他比我了解得多。

3．一举两得

成语。表示"做一件事情，可得到两种收获"。如：

This idiom means "kill two birds with one stone" or "serve a double purpose."

(1) 植树造林，既可保护环境，又能增加木材生产，是一举两得的事。

(2) 引进这项技术，不但可以节省面料，又能提高产品档次，是一举两得的好事。

4．……一天比一天……

比较句式。主要不在比较，而是强调程度的递进或加深。也常说"……一次比一次……"；"……一批比一批……"；等等。如：

The stress of this pattern of comparison is not on comparison but emphasis on the heightening of degree. We can also say ……一次比一次……, ……一批比一批……, and the like.

(1) 他们公司的竞争能力一天比一天强。

(2) 他早上上班的时间一天比一天晚。

(3) 这种产品的质量一批比一批差。

5．……比……更……

比较句式。如：

This pattern of comparison means A is even more... than B.

(1) 小王比小李更有本事。

(2) 这家公司的规模比以前更大了。

(3) 周强设计的广告比赵华的好，比李英的更好。

6．要说

习用语。用于句首，表示进一步说明或根据他人谈判的问题，引入新的话题。常与"还"或"还是"搭配使用。如：

This idiomatic expression, often in conjunction with 还 or 还是, is used at the beginning of a sentence to further explain something or to introduce a new topic on the basis of what the other party has just said.

    （1）A：我认为，秦皇岛港的装卸条件不错。

          B：要说装卸条件，还是大连港的好一些。

    （2）A：在加快经济发展的同时，还应注意环境的保护。

          B：要说如何保护环境，还是应该从实际做起。比如植树造林，生产环保型汽车，等等。

7. 没多少差别

用在比字句中，表示"相差不大"。如：

This expression of comparison means " there is little difference."

（1）仔细分析一下，这几位客商的报价没多少差别。

（2）与去年同期相比，进出口数量没多少差别。

练 习 Exercises

一、根据《会话3》的内容，回答下列问题：

Answer the following questions according to Dialogue 3：

1. 与坐车相比，骑自行车有什么好处？

2. 为什么眼下不宜大力提倡购买私人轿车？

3. 进口商为什么希望目的港在多伦多或蒙特利尔呢？

4. 出口商为什么希望目的港在温哥华呢？

5. 进口商为什么不同意把温哥华作为目的港呢？

二、选择下列词语填空：

Fill in the blanks with appropriate words given below：

    相比之下、不如、要说、比、更

1.（   ）这件事，还要从两年前说起。

2.（   ），这种牌子的冰箱更适用。

3. 销售市场在武汉一带，目的港在青岛（   ）在上海。

4. 这种产品的出口数量，（   ）去年同期增加了一半。

5. 目前美元比日元的汇率（   ）稳定。

三、填写适当的词语：

Fill in the blanks with appropriate words:

1. 节约_____   2. 满足_____   3. 盲目_____

4. 销售_____   5. 零售_____   6. 内陆_____

综合练习　**Comprehensive Exercises**

一、选择画线字的正确读音：

Choose the right phonetic transcription of the underlined part:

1. 忙<u>起来</u>（qǐ lái/qǐ lai）　2. <u>几</u>乎（jī/jǐ）　3. 毛<u>病</u>（bìng/bǐng）

4. 挡<u>不</u>住（bù/bu）　5. 平<u>均</u>（jīn/jūn）　6. <u>差</u>别（chà/chā）

7. <u>得</u>加班（dé/děi）　8. 羊<u>绒</u>（róng/yóng）　9. 难<u>处</u>（chù/chǔ）

二、填写适当的量词：

Fill in the blanks with appropriate measure words:

　　辆、台、架、件、片

1. 你看，这（　　）羊绒大衣怎么样？

2. 没事儿，吃几（　　）药就好了。

3. 那（　　）轿车是进口的。

4. 前天我买了一（　　）空调。

5. 没关系，包（　　）飞机就行了。

三、填写适当的补语：

Fill in the blanks with appropriate complements:

　　住、上、成、好、到

1. 这笔生意很快就谈（　　）了。

2. 今天上午我已见（　　）张经理了。

3. 那辆轿车已经修（　　）了。

4. 请在这儿签（　　）您的名字。

5. 你可要抓（　　）这次机会呀。

四、整理句子：

Rearrange the given words into a sentence:

1. 包机、班机、运费、些、比、的、贵、一

2. 日期、上旬、月、改、船、了、装、4、到

3. 解决、问题、相比之下、更、这、难、个

4. 消息、根本、知道、无法、这、我、个

5. 青岛、上海、没有、目的港、在、好、在

五、用指定结构或词语改写句子：

Rewrite the following sentences with the given words or constructions:

1. 我的轿车没有他的档次高。（不如）

2. 购买私人住房的人越来越多了。（一天比一天）

3. 这两个港口的装卸条件差不了多少。（没多少差别）

4. 坐火车去天津比较方便。（……比……更……）

5. 跟原计划相比，交货时间早了 3 个月。（A 比 B ＋ 谓语 ＋ 数量补语）

六、思考题：

Questions for thinking:

1. 一般来说，在什么情况下可能采用空运方式？

2. 在选择目的港时可能会考虑到什么问题？

第十四单元　原来是这样

关键词语：运输方式　海运　租船　航线　港口
多式联运　陆运　班轮　码头　装卸

醒悟的表达方式

1. 我说呢。如果没经过正规训练，不可能说得这么好。

2. 哦，我明白了。

3. "货柜"？啊，您说的是"集装箱"吧？

4. 难怪您这么喜欢看冰灯，原来您也是北方人。

5. 哦，是这样啊。

6. 说了半天，咱们的想法的确很接近。

7. 怪不得您刚才说，我一定会接受呢。

8. 哦，原来是这样。

9. 我说怎么会这样呢，原来是"一条鱼腥了一锅汤"。

10. 哦，这回我全清楚了。

会　话　1

（在青岛港 J 公司的会客室内）

安心宁：让我来介绍一下，这位是韩国 B L 集团的董事，金正一先生，那位是崔仁杰先生。

16

赵天明：(握手) 您好，您好。请，二位请坐。

安心宁：这是我们的总经理，赵天明先生。

金正一：认识您很高兴，赵总经理。

赵天明：认识您我也很高兴。金先生的汉语说得不错嘛，在哪儿学的？

金正一：在北京语言大学学了3年。

赵天明：我说呢。如果没经过正规训练，不可能说得这么好。

金正一：哪里，哪里。听您口音，是青岛人吧？

赵天明：没错。这么说，金先生常来山东啦？

金正一：是的。我们在这儿投资建厂了。

赵天明：我说呢。那这次来想了解点什么呢？

金正一：主要是参观一下港口。再有，了解一下集装箱运输的情况。

赵天明：哦，可以。一会儿陪二位到码头看看。

金正一：谢谢。青岛港是中国五大港口之一，集装箱业务开展得也比较早。

赵天明：是的。目前，青岛港通往世界各地的集装箱航线已达三十多条。

金正一：万吨级货轮可以直接进入港口装卸货物吧？

赵天明：当然可以。港口平均水深二十多米，几乎所有大船都可以进出港口，装卸货物。

金正一：赵先生，我想知道集装箱运输的运费是怎么计算的。

赵天明：基本运费与班轮运费一样，是根据商品的等级不同来计算的。

金正一：那拼箱和整箱的运费不同吧？

赵天明：噢，这个问题比较复杂。有按重量计算的，也有按容积计算的。总之，货物不同，计算标准不同，运费也就不同了。

金正一：哦，我明白了。那货柜有几种类型呢？

赵天明："货柜"？啊，您说的是"集装箱"吧？

金正一：看我，说惯了。常和香港商人打交道，他们管集装箱叫"货柜"。

赵天明：是啊。中国是一个历史悠久、幅员辽阔的国家，各地方言差别较大。"货柜"这个词，在内地也用，只是不太普遍。

金正一：入乡随俗嘛。但说惯了，改起来也不容易。

赵天明：这没关系。咱们先去参观，边走边聊，怎么样？

金正一：可以。

生 词 New Words

1. 董事　　　　（名）　　　dǒngshì　　　director

2. 正规	（形）	zhèngguī	regular; standard
3. 训练	（动）	xùnliàn	to train
4. 口音	（名）	kǒuyīn	accent
5. 建	（动）	jiàn	to build; to construct
6. 港口	（名）	gǎngkǒu	port
7. 集装箱	（名）	jízhuāngxiāng	container
8. 运输	（动/名）	yùnshū	to transport; transportation
9. 码头	（名）	mǎtou	dock
10. 开展	（动）	kāizhǎn	to start and develop（a service, an activity, etc.）
11. 航线	（名）	hángxiàn	course; sea route
12. 吨	（量）	dūn	ton
13. 级	（名）	jí	grade; class
14. 货轮	（名）	huòlún	freighter; cargo vessel
15. 进入	（动）	jìnrù	to enter
16. 运	（动）	yùn	transport
17. 装卸	（动）	zhuāngxiè	to load and unload
18. 等级	（名）	děngjí	grade; class
19. 容积	（名）	róngjī	volume
20. 总之	（连）	zǒngzhī	in a word; to sum up
21. 货柜	（名）	huòguì	container
22. 类型	（名）	lèixíng	type
23. 惯	（形）	guàn	to get used to; be used to
24. 商人	（名）	shāngrén	businessman
25. 打交道		dǎ jiāndao	to make contact with; to have dealings with
26. 悠久	（形）	yōujiǔ	long
27. 幅员	（名）	fúyuán	the area of a coutry's territory
28. 辽阔	（形）	liáokuò	vast; extensive
29. 方言	（名）	fāngyán	dialect
30. 内地	（名）	nèidì	inland
31. 聊	（动）	liáo	to have a chat

专 名 Proper Nouns

1. 青岛港	Qīngdǎo Gǎng	name of a port
2. 安心宁	Ān Xīnníng	name of a person
3. 金正一	Jīn Zhèngyī	name of a person
4. 崔仁杰	Cuī Rénjié	name of a person
5. 赵天明	Zhào Tiānmíng	name of a person
6. 北京语言大学	Běijīng Yǔyán Dàxué	
		Beijing Language and Culture University
7. 山东	Shāndōng	a province in North China
8. 青岛	Qīngdǎo	a coastal city in Shandong Province
9. 香港	Xiānggǎng	Hong Kong

注 释 Notes

1. 原来是这样

表示"明白或清楚了原来不明白不清楚的事情"。常用在对话中。如：

This expression, usually used in conversation, indicates the speaker has known or understood what was unknown or not clear before.

(1) 原来是这样，我还以为责任在卖方呢。

(2) A：小李，保险公司通知我们，责任在船方。

B：原来是这样。

2. 我说呢

习用语。表示"明白或领悟了原来不清楚或不明白的事"。如：

This idiomatic expression means the speaker has understood or known what was unknown or not clear before.

(1) 我说呢，他为什么这么兴奋，原来是有喜事儿!

(2) 我说呢，他怎么那么不高兴呢，原来是买卖赔了。

3. 哦

叹词（ò）。表示"明白、懂了"。如：

This interjection pronounced in the fourth tone shows the speaker has got what has been said.

    （1）哦，他已经知道了。

    （2）哦，下次再去吧。

    叹词（ó）。表示"半信半疑"。如：

If in the third tone, it shows the speaker's doubtness.

    （1）哦，他怎么来了？

    （2）哦，就三个？

4. 打交道

    习用语。表示"交往、来往"或"联系"。如：

This expression means "have dealings with" or "make contact with."

    （1）我没和这家公司打过交道，不了解他们的情况。

    （2）我劝你，还是少与这种人打交道。

5. ……管……叫……

    固定结构。与"……把……叫……"结构相近。用于口语，解释或说明某事物。如：

This construction, similar to ……把……叫……, is used in spoken language to explain or illustrate something.

    （1）大家都管他叫小王。

    （2）北方人管玉米叫苞米。

6. 入乡随俗

    成语。表示到一个地方就按照当地的风俗习惯生活。也说"入乡随乡"。如：

This idiom means "When in Rome, do as the Romans do." We can also say 入乡随乡 instead.

    （1）A：我真吃不惯川菜，太辣。

        B：入乡随俗嘛，来，尝尝。

    （2）A：你这个南方人在北方生活习惯吗？

        B：入乡随俗，时间长了，也就习惯了。

练 习 Exercises

一、根据《会话1》的内容，回答下列问题：

Answer the following questions according to Dialogue 1:

    1. 金先生的汉语说得怎么样？

2．韩商去青岛港的目的是什么？

3．一般来说，集装箱运输的运费如何计算？

4．为什么港商管"集装箱"叫"货柜"呢？

5．请简单介绍一下青岛港的情况。

二、选择下列词语填空：

Fill in the blanks with appropriate words given below:

哦、啊、惯、我说呢、打交道

1．（　　），怎么好几天没见到他了。

2．（　　），我知道是怎么回事了。

3．（　　），你说的是吴海吧？

4．我不想与这种人（　　）。

5．这种事儿看（　　）了，也就不奇怪了。

三、填写适当的词语：

Fill in the blanks with appropriate words:

1．参观_____　2．正规_____　3．情况_____

4．进入_____　5．装卸_____　6．计算_____

会　话　2

（在黑龙江粮油进出口公司的谈判室中）

张伟华：铃木先生，来哈尔滨看过几次冰灯？

铃木健：好几次了。一次比一次办得好，真是百看不厌。

张伟华：没想到您这么爱看冰灯。

铃木健：是啊。听说过日本札幌的雪节吧？

张伟华：听说过。难怪您这么喜欢看冰灯，原来您也是北方人。

铃木健：可不。我从小就喜欢雪，冰是雪的化身，你说我能不喜欢吗？

张伟华：是啊。今年把商贸洽谈会安排在冰雪节期间，使不少商人大饱眼福。

铃木健：可不。咱们先谈生意，晚上一块去看冰灯，怎么样？

张伟华：一定奉陪。铃木先生，关于运输方式，我有点新的想法。

铃木健：请稍等。我先提个建议，您肯定会接受的。

张伟华：那好，您先讲。

21

铃木健：谢谢。上笔买卖我们是以 CIF 条件成交的。这次我打算用海陆联运方式。

张伟华：从大豆的起运地到日本的横滨港，采用多式联运，对吧？

铃木健：对。这种运输方式，不但安全迅速，而且运费也比较合理。

张伟华：哦，是这样啊。看来咱们想的是一个问题。

铃木健：是吗？说说看。

张伟华：我认为，用麻袋装运大豆成本高，而且麻袋也容易破损。

铃木健：用集装箱装运？

张伟华：对。用集装箱装运，就解决了以上问题。

铃木健：说了半天，咱们的想法的确很接近。

张伟华：是啊。怪不得您刚才说，我一定会接受呢。

铃木健：这可真是不谋而合呀！

张伟华：是的。再有，在合同中还应增加数量增减条款。

铃木健：可以。按惯例，增减幅度为 5% 比较合适。

张伟华：增减部分按合同价格来结算，您看怎么样？

铃木健：好，一言为定。

生 词 New Words

1. 冰灯	（名）	bīngdēng	ice lantern
2. 难怪	（连）	nánguài	no wonder
3. 北方	（名）	běifāng	the northern part of a country
4. 从小	（副）	cóngxiǎo	from childhood
5. 冰	（名）	bīng	ice
6. 化身	（名）	huàshēn	embodiment; incarnation
7. 使	（动）	shǐ	to make; to enable
8. 饱	（形）	bǎo	feeling full; satisfied
9. 眼福	（名）	yǎnfú	the good fortune of seeing sth. rare or beautiful
10. 奉陪	（动）	fèngpéi	to keep sb. company; to accompany
11. 海陆联运		hǎilù liányùn	combined transport by sea and land
12. 起运地	（名）	qǐyùndì	starting place for shipping; place

22

				of dispatch
13.	多式联运		duōshì liányùn	multi-mode transport
14.	麻袋	（名）	mádài	gunny sack
15.	破损	（动）	pòsǔn	to become damaged；damaged
16.	集装箱	（名）	jízhuāngxiāng	container
17.	接近	（动）	jiējìn	be close to

专 名 Proper Nouns

1.	铃木键	Língmù Jiàn	name of a person
2.	张伟华	Zhāng Wěihuá	name of a person
3.	哈尔滨冰雪节	Hā'ěrbīn Bīngxuě Jié	Harbin Ice and Snow Festival
4.	日本札幌雪节	Rìběn Zháhuǎng Xuě Jié	Japan Sapporo Snow Festival
5.	横滨港	Héngbīn Gǎng	port of Yokohama

注 释 Notes

1. 百看不厌

固定词组。表示"很喜欢"。有时也说"百吃不厌"、"百听不厌"等。如：

This idiom means "worth reading/watching a hundred times" or "be at all times a great pleasure to see." Other expressions to the same effect are 百吃不厌 and 百听不厌.

(1)《红楼梦》这部名著，可以说是百看不厌。

(2) A：这幅画儿很有诗意。

　　B：可不，让人百看不厌。

2. 饱

形容词。表示"满足"的意思。如：

The adjective 饱 here means "satisfied" or "become satiated."

(1) A：这届博览会怎么样？

　　B：不错，展出了许多新产品，可以说是大饱眼福。

(2) 杭州的小吃很有特点，这回可真是大饱口福了。

4. 奉陪

敬辞。表示"陪伴"或"陪同做某事"。如:

奉陪 is an expression of respect meaning "keep sb. company" or "accompany sb. to do sth."

(1) 只要有空儿,我一定奉陪到底。

(2) 对不起,我有点急事,不能奉陪了。

5. 说了半天

固定短语。表示"突然明白了对方的意思"。常用在前一分句中。如:

This expression, usually used in the first half of a sentence, shows that the speaker suddenly understands what the other party means.

(1) 说了半天,原来你不想去呀!

(2) 说了半天,我才明白其中的道理。

6. 主语 + 动词(使) + 兼语

兼语句。表示"致使"、"让"或"叫"的意思。必带兼语。如:

使, used in the pivotal sentence in which the object of 使 is at the same time the subject of the verb after it, means "make" or "let." It must be followed by an a pivotal element.

(1) 这话使人感到意外。

(2) 这样才能使客商满意。

(3) 谦虚使人进步,骄傲使人落后。

练 习 Exercises

一、根据《会话2》的内容,回答下列问题:

Answer the following questions according to Dialogue 2:

1. 铃木先生为什么喜欢看冰灯?

2. 关于运输方式,张先生有什么新的想法? 为什么?

3. 铃木先生提出了什么意见?

4. 上两笔买卖采用的是哪种运输方式?

5. 中方希望在合同中增加什么条款?

二、选择下列词语填空：

Fill in the blanks with appropriate words given below：

说了半天、怪不得、难怪、关于、使

1. 原来你拿去了，（　　　）少了一个呢。
2. 通过协商，（　　　）对方改变了态度。
3. （　　　）这个问题，我还要请示一下公司才能决定。
4. （　　　　　），我们的想法是一致的。
5. （　　　）知道那么多，原来您是老职员哪。

三、填写适当的词语：

Fill in the blanks with appropriate words：

1. 洽谈＿＿＿＿　　2. 运输＿＿＿＿　　3. 联运＿＿＿＿
4. 增减＿＿＿＿　　5. 装运＿＿＿＿　　6. 合同＿＿＿＿

会 话 3

（在三元有限公司的经理办公室里）

差瓦利：丁经理，这次来拜访，主要想征求一下您的意见。

丁一平：好啊，是买卖上的事吗?

差瓦利：不全是，但也有关系。

丁一平：请讲。

差瓦利：这次来，我们通过不同渠道进行了调查。调查结果表明，泰国大米
　　　　在中国市场的占有率下降了一个百分点。

丁一平：我认为，泰国大米市场价格偏高，是销路不好的主要原因。

差瓦利：也许进口关税过高，是主要原因。

丁一平：可能吧。但关税不会下降很快的。

差瓦利：那是。可我们出口欧美的大米，销路一直不错。

丁一平：很正常，那一地区的消费水平高嘛。再有，去年我们从其他商人那
　　　　儿进口了一批泰国大米，上市后销售量越来越小。

差瓦利：这是为什么呢?

丁一平：开始我们也很奇怪，后来请有关部门鉴定，证明这次进口的大米是
　　　　籼米。

差瓦利：哦，原来是这样。

丁一平：籼米的外形与香米相似，米粒长而细，很容易混淆。

差瓦利：我说怎么会这样呢，原来是"一条鱼腥了一锅汤"。

丁一平：可不。好容易占领了市场，就这样失去了，很可惜。

差瓦利：丁经理，今年我们出口的大米，品质可是一流的。

丁一平：这我相信。由于进口的是当年新产的大米，所以我方要求在合同中写明，水分最高为10％，杂质不能超过0.5％。

差瓦利：这没问题。贵方打算租船运输吗？

丁一平：啊，不。分五批，用班轮运输。

差瓦利：每批数量一样吗？

丁一平：一样。每隔一个月装运一次。

差瓦利：那目的港为什么在天津和上海两地呢？

丁一平：南方市场的销路好一些。所以头三批直接在上海港卸货，后两批在天津的塘沽。

差瓦利：哦，这回我全清楚啦。谢谢您，丁先生。

丁一平：不客气。

生　词　New Words

1. 拜访　　（动）　　bàifǎng　　　to pay a visit; to call on

2. 征求　　（动）　　zhēngqiú　　to solicit; to seek

3. 表明　　（动）　　biǎomíng　　to show; to indicate

4. 偏　　　（副）　　piān　　　　inclined to one side

5. 关税　　（名）　　guānshuì　　tariff

6. 正常　　（形）　　zhèngcháng　normal

7. 籼米　　（名）　　xiānmǐ　　　polished long-grained non-glutinous rice

8. 外形　　（名）　　wàixíng　　　appearance; external form

9. 米粒　　（名）　　mǐlì　　　　grain of rice

10. 混淆　　（动）　　hùnxiáo　　to mix up; to confuse

11. 好容易　（副）　　hǎoróngyì　with great difficulty

12. 腥　　　（形）　　xīng　　　　having the smell of fish, seafood, etc.; stinking

13. 锅　　　（名）　　guō　　　　pot, pan; boiler, caldron

14. 占领　　（动）　　zhànlǐng　　to occupy

15. 失去　　（动）　　shīqù　　　to lose

16. 可惜　　（形）　　kěxī　　　　it's a pity

17. 由于　　（介/连）yóuyú　　　because of; because

18. 当年	（名）	dàngnián	in that year
19. 杂质	（名）	zázhì	impurity
20. 租船运输		zū chuán yùnshū	shipping by chartering
21. 班轮运输		bānlún yùnshū	liner transport
22. 隔	（动）	gé	after or at an interval of
23. 南方	（名）	nánfāng	the southern part of a country
24. 销路	（名）	xiāolù	sale; market

专 名 Proper Nouns

1. 三元有限公司	Sānyuán Yǒuxiàn Gōngsī	Sanyuan Co., Ltd.
2. 丁一平	Dīng Yīpíng	name of a person
3. 差瓦利	Chāwǎlì	name of a person
4. 泰国	Tàiguó	Thailand

注 释 Notes

1. 拜访

敬辞。意思是"访问"、"看望"或"见面"。如：

This expression of respect means "pay a visit" or "meet."

（1）我公司的黄经理已经拜访了贵公司的李经理。

（2）A：孙先生，下次去哈尔滨一定到府上拜访。

  B：欢迎，欢迎。

（3）A：陈小姐，如果有可能的话，我想拜访一下贵公司冯经理。

  B：好的。时间定下来后，我再通知您。

2. 而

连词。表示"互相补充，同时具有"；"……又……又……"。用在"形容词＋而＋形容词/动词短语"、"动词＋而＋动词/动词短语"中。如：

In the construction "adjective＋而＋adjective/verbal phrase" or "verb＋而＋verb/verbal phrase," the conjunction 而 indicates the coexistence of two qualities.

（1）我认为，讲话少而精，更吸引人。

（2）这个人聪明而重感情。

（3）这可真是不谋而合。

（4）我认为，这个位子早晚会被人取而代之。

3.一条鱼腥了一锅汤

俗语。意思是"部分影响了整体"或"个别影响了全体"。如：

This common saying means "The part or individual affects the whole."

（1）A：这种人怎么能留在公司里呢？

B：可不。我担心"一条鱼腥了一锅汤"。

（2）A：一定要严把产品质量关，决不让一件次品出厂。

B：那是。要不"一条鱼腥了一锅汤"。

4.好容易

固定词组。表示很不容易的意思。有时也说"好不容易"，意思相同。如：

This expression means "with great difficulty." It can also be said as 好不容易。

（1）找了半天，好容易（好不容易）才找到他。

（2）好容易（好不容易）才把这件事情搞清楚。

练 习 Exercises

一、根据《会话3》的内容，回答下列问题：

Answer the following questions according to Dialogue 3:

1.泰商为什么去拜访丁经理？

2.丁经理认为，泰国大米在中国市场上销路不好的原因是什么？

3.差瓦利认为，在中国市场上泰国大米价格偏高的原因是什么？

4.香米与籼米有什么相同或不同之处？

5.中方打算采用哪种运输方式？

二、选择下列词语填空：

Fill in the blanks with appropriate words given below:

好容易、拜访、由于、哦、而

1.请转告王经理，我计划下周去（　　）他。

2.这种苹果的味道不错，甜（　　）脆。

3.我（　　）才处理完那件事。

4.（　　），这事我知道。

5. (　　) 贵方订货太晚，4月初很难装运。

三、填写适当的词语：

Fill in the blanks with appropriate words:

1. 征求_____ 　　2. 占有_____ 　　3. 消费_____

4. 占领_____ 　　5. 品质_____ 　　6. 租船_____

综合练习　Comprehensive Exercises

一、选择画线字的正确读音：

Choose the right phonetic transcription of the underlined part:

1. 散装（sàn/sǎn）　 2. 天津（jīn/jīng）　 3. 码头（tóu/tou）

4. 破损（pò/pè）　　 5. 杂质（zhì/zhǐ）　 6. 买卖（mài/mai）

7. 失去（shī/shí）　 8. 奉陪（péi/béi）　 9. 混淆（hǔn/hùn）

二、填写适当的词语：

Fill in the blanks with appropriate words:

　　装卸 、开展、结算、接近、失去

1. 谈判已（　　）尾声。

2. 我们不能（　　）这次机会。

3. 这项工作（　　）得很顺利。

4. 船方负责（　　）这批货物。

5. 这笔货款已（　　）完了。

三、填写适当的形容词：

Fill in the blanks with appropriate adjectives:

　　正规、迅速、正常、可惜、一流

1. 你们的行动好（　　）啊！

2. 请放心，这是我们国家的（　　）银行。

3. 别担心，出现这种事情很（　　）。

4. 这有什么（　　）的？

5. 这种训练一点儿也不（　　）。

29

四、整理句子：

Rearrange the given words into a sentence:

1. 情况、航线、了解、的、不、条、我、太、这

2. 中国、港口、大连、港、是、之一、五、大

3. 采用、方式、希望、我、多式联运

4. 还是、运输、班轮、用、租船、运输

5. 装运、隔、个、次、一、每、月、两

五、用指定结构或词语改写句子：

Rewrite the following sentences with the given words or constructions:

1. 我明白了，咱俩的想法一样。(说了半天，……)

2. 哦，原来你了解这方面的情况。(我说呢)

3. 我说他怎么走了，原来身体不大舒服。(怪不得)

4. 计价标准不同，这两批货的运费也不同。(由于……，所以……)

5. 下次洽谈时间安排在 5 月中旬。(把)

六、思考题：

Questions for thinking:

1. 在国际货物运输中，一般采用哪几种运输方式？

2. 在选择运输方式时，可能会考虑哪些问题？

3. 中国的主要港口有哪些？

第十五单元　人在衣裳马在鞍

关键词语：包装行业　包装材料　易拉式　含量　罐装
　　　　　销售包装　包装图案　条形码　毛重　瓶装

强调的表达方式

1. 在我喝过的红茶中，没有比这更好的了。

2. 这么说，茶叶质量的好坏，关键是加工制作的工艺啦？

3. 无论是厂家还是商家，没有不重视的。

4. 尤其是食品包装变化最大。

5. 我认为，研究开发新的包装材料，仍是包装业发展的重中之重。

6. 白色污染正悄悄地包围着我们，已经到了非解决不可的地步了。

7. 看来不是不能解决，而是如何尽快解决的问题。

8. 这条流水线是我们前年才引进的。

9. 这是决不可能的。

10. 如果在箭头前方注上英文"OPEN"，就再好不过了。

会　话　1

（在龙泉茶叶有限公司的会客室内）

杨小林：请，请品尝一下，这是一级红茶。

迪米特：（喝了一小口）不错。味道很纯正，有一种特别的香气。在我喝过的红茶中，没有比这更好的了。

杨小林：是吗？请看，加工质量好的红茶，沏出来的颜色也很正。

迪米特：这么说，茶叶质量的好坏，关键是加工制作的工艺啦？

杨小林：这只是一个方面。如果没有好的原料，工艺再好也加工不出高档茶叶来。准确地说，二者缺一不可。

迪米特：原来是这样。

杨小林：不过话又说回来，茶叶质量固然重要，但美观、别致的销售包装也是不可忽视的。中国有句古话，叫"人在衣裳马在鞍"，说的就是这个意思。

迪米特：有道理。好的销售包装，可以刺激消费者的购买欲望，无论是厂家还是商家，没有不重视的。

杨小林：是的。您看，按贵方要求，我们设计了这种礼品式包装。

迪米特：（边看边说）这种销售包装比较讲究，有利于促销。但包装图案能不能改进一下呢？

杨小林：您认为怎么改更好呢？

迪米特：虽说古代仕女图案比较漂亮，但与商品信息毫无关系。如果礼品盒上印有山水图案，并注上"中国红茶"四个字，也许更有特色。

杨小林：可以。每盒装两桶茶叶，净含量100克。

迪米特：那毛重呢？

杨小林：150克。还有什么要修改的吗？

迪米特：在茶叶桶的另一面，还应注明"泡茶的方法"，再配上希腊文，这样更好销售。

杨小林：这个主意不错。那贵方打算订购多少呢？

迪米特：如果内包装符合我方要求，我们马上可以确定订购数量。

杨小林：那好，明天下午新的包装样品就可以加工出来，那时再定吧。

迪米特：好的。明天再说吧。

生　词　New Words

1. 衣裳	（名）	yīshang	clothes
2. 鞍	（名）	ān	saddle
3. 品尝	（动）	pǐncháng	to taste
4. 纯正	（形）	chúnzhèng	pure; unadulterated
5. 加工	（离）	jiā gōng	process

6. 沏	（动）	qī	to make (tea)
7. 茶叶	（名）	cháyè	tea
8. 好坏	（名）	hǎohuài	good or bad; condition
9. 关键	（名）	guānjiàn	key; crux
10. 制作	（动）	zhìzuò	to make; to manufacture
11. 工艺	（名）	gōngyì	craft; technology
12. 高档	（形）	gāodàng	top grade; superior quality
13. 固然	（连）	gùrán	no doubt; it is true
14. 美观	（形）	měiguān	beautiful
15. 别致	（形）	biézhì	unique; interesting and novel
16. 古话	（名）	gǔhuà	old saying
17. 忽视	（动）	hūshì	to neglect
18. 刺激	（动/名）	cìjī	to stimulate, to excite; stimulus
19. 欲望	（名）	yùwàng	desire
20. 重视	（动）	zhòngshì	to pay great attention to; to lay stress on
21. 礼品式		lǐpǐnshì	designed for being given as a gift
22. 促	（动）	cù	to promote
23. 促销	（动）	cùxiāo	to promote sales
24. 改进	（动/名）	gǎijìn	to improve; improvement
25. 古代	（名）	gǔdài	ancient times
26. 仕女	（名）	shìnǚ	beautiful women in traditional Chinese paintings
27. 毫无		háowú	not at all
28. 礼品盒		lǐpǐnhé	box containing a gift
29. 印	（动）	yìn	to print
30. 注	（动）	zhù	to write; to explain with notes
31. 特色	（名）	tèsè	characteristic; feature
32. 每	（副）	měi	each
33. 盒	（名/量）	hé	box
34. 桶	（名）	tǒng	tin
35. 净	（形）	jìng	net
36. 含量	（名）	hánliàng	content
37. 毛重	（名）	máozhòng	gross weight

38. 泡	（动）	pào	to soak in water; to make (tea)
39. 内包装		nèi bāozhuāng	inner packing
40. 样式	（名）	yàngshì	fashion; style
41. 那时	（代）	nàshí	then

专 名 Proper Nouns

1. 龙泉茶叶有限公司　Lóngquán Cháyè Yǒuxiàn Gōngsī

　　　　　　　　　　　　　　　　Longquan Tea Co., Ltd.

2. 杨小林　　　　　Yáng Xiǎolín　　　　name of a person

3. 迪米特　　　　　Dímǐtè　　　　　　name of a person

注 释 Notes

1. 人在衣裳马在鞍

　　俗语。比喻在一个事物中主次之间的关系，但主要强调次要方面的作用。如：

This common saying expresses the relations between the primary and the secondary with the emphasis on the latter.

　　(1) A：我厂生产的瓷器，质量是一流的，但包装不太好，所以一直卖不出好价钱。

　　　　B：可不。"人在衣裳马在鞍"嘛。

　　(2) 俗话说，"人在衣裳马在鞍"。如果我们不尽快提高包装水平，我们的产品在市场上就会失去竞争力。

2. 准确地说

　　插入语。表示"对某种情况的进一步说明"或"更正"。如：

准确地说 is a parenthesis that indicates specification or correction.

　　(1) 广告播出之前，贵方还要补办一下手续。准确地说，要补办一份卫生检疫证明。

　　(2) 张先生，我们的货物2月份能装运吧？准确地说，2月下旬能不能装运？

3. 缺一不可

　　固定词组。表示两方面或几方面都很重要，缺少哪一方面都不行。如：

This idiom means "none is dispensable."

(1) 搞科学研究，不但要占有大量的资料，而且还要有较高的专业理论水平，二者缺一不可。

(2) 要想提高包装质量，需要有先进的包装设备、高档的包装材料以及独特的包装设计，三者缺一不可。

4. 固然……，但（是）……

让步复句。连词"固然"表示"承认所说的是事实"，用在前一分句。后一分句表示"转折，提出相对立的另一事实"。常与"但（是）"、"可是"或"然而"等连词呼应。如：

固然……，但（是）…… is used in sentences of concession in which the conjuntion 固然 in the first clause indicates the speaker's acknowledgement of something while the second clause, usually with 但（是），可是 , 然而 and the like, makes a transition of meaning by pointing out the contradictory or opposite fact.

(1) 这个办法固然好，但不适合我们。

(2) 你的这些想法固然不错，可是目前无法办到。

(3) 商品的价格固然重要，然而质量更重要。

5. ……动词＋有……

有字句。表示"存在"。如：

……动词＋有…… shows existence.

(1) 如果在礼品盒上印有山水图案，也许更有特点。

(2) 这种水果含有多种维生素。

(3) 墙上写有"肃静"两个字。

6. ……没有不……

双重否定格式之一。表示"肯定"。如：

……没有不…… is a double negation that carries affirmative meaning.

(1) 在我们公司里，没有不知道这事的。

(2) 这种好的设计图案，没有不采纳的。

练 习 Exercises

一、根据《会话 1》的内容回答下列问题：

Answer the following questions according to Dialogue 1:

1. 茶叶质量的好坏，关键是什么？

2. 好的销售包装可以达到什么目的?

3. 为什么外商希望改变包装图案呢?

4. 对销售包装，外商提出了几点修改意见?

5. 中方准备怎么打内包装?

二、选择下列词语：

Fill in the blanks with appropriate words given below:

准确地说、缺一不可、关键是、没有不、固然

1. 只要有人组织，就（　　　　）去参观的。

2. 这事很快就会解决的，（　　　　）一周之内。

3. 要想干成这件事，（　　　　）大家要心齐。

4. 投资各方的代表都要出席今天的会议，（　　　　）。

5. 这个主意（　　）好，但目前我们还难以采用。

三、填写适当的词语：

Fill in the blanks with appropriate words：

1. 味道_____　2. 符合_____　3. 销售_____

4. 购买_____　5. 商品_____　6. 样式_____

会 话 2

(在益茶食品有限公司的会议室内)

雅克：高先生，这几年中国的包装业发展很快嘛。

高山：是的。尤其是食品包装变化最大。

雅克：可不，商店里最吸引人的，就是五颜六色的食品包装。

高山：对。在经济实用的基础上，包装画面也越来越讲究。

雅克：那是。但我认为，研究开发新的包装材料，仍是包装业发展的重中之重。

高山：是的。目前，大量使用的塑制包装材料，对环境的破坏也太大了。

雅克：可不。白色污染正悄悄地包围着我们，已经到了非解决不可的地步了。

高山：对。我国的铁路餐饮已禁止使用塑制餐具，并已开发出新的替代材料。

雅克：看来不是不能解决，而是如何尽快解决的问题。

高山：说得对。我认为，纸质包装大有发展潜力。

雅克：我同意。使用纸质包装材料，既可以回收再利用，又可以保护环境，

是两全其美的事。

高山：是的。现在部分奶制品包装，用的就是纸质材料。

雅克：在软包装材料中，除了纸质材料外，用塑料和纸铝箔的还很多。

高山：这几种材料，主要适合于一次性包装。

雅克：也有少量使用硬质包装材料的，如玻璃瓶装酸奶和金属罐装奶粉。

高山：这种包装材料成本较高，但大部分可以回收利用。

雅克：那么，贵方进口的这批速溶奶粉，打算使用哪种包装材料呢？

高山：纸铝箔。这种包装材料密封效果好，保质期长。

雅克：对。这是现在比较流行的包装材料。那么，我们就这样定了。

高山：好的。

生　词　New Words

1.	业	（名）	yè	industry; trade
2.	尤其	（副）	yóuqí	especially
3.	食品	（名）	shípǐn	food
4.	五颜六色		wǔ yán liù sè	colorful
5.	大量	（形）	dàliàng	a great quantity of
6.	塑制包装		sùzhì bāozhuāng	plastic packing
7.	破坏	（动）	pòhuài	to damage
8.	悄悄	（副）	qiāoqiāo	quietly; without being noticed
9.	包围	（动）	bāowéi	to surround
10.	地步	（名）	dìbù	extent; degree; condition
11.	铁路	（名）	tiělù	railway
12.	餐具	（名）	cānjù	tableware; dinner service
13.	替代	（动）	tìdài	to replace
14.	如何	（代）	rúhé	how
15.	纸质包装		zhǐzhì bāozhuāng	paper packing
16.	潜力	（名）	qiánlì	potential
17.	回收	（动）	huíshōu	to recycle
18.	奶制品	（名）	nǎizhìpǐn	milk product
19.	就	（副）	jiù	exactly
20.	塑料	（名）	sùliào	plastics
21.	纸铝箔	（名）	zhǐlǚbó	paper aluminum foil

22. 硬质		yìngzhì	hard
23. 玻璃	（名）	bōli	glass
24. 酸奶	（名）	suānnǎi	yoghurt
25. 瓶装		píngzhuāng	in bottles
26. 金属	（名）	jīnshǔ	metal
27. 罐装		guànzhuāng	in tins
28. 速溶	（形）	sùróng	instant (coffee, milk powder, etc.)
29. 密封	（动）	mìfēng	to seal up; to seal airtight
30. 保质期		bǎozhìqī	date stamping; shelf life
31. 流行	（动/形）	liúxíng	popular

专 名 Proper Nouns

1. 益荣食品有限公司　　Yìróng Shípǐn Yǒuxiàn Gōngsī

　　　　　　　　　　　Yirong Foodstuff Co., Ltd.
2. 高山　　　　　　　Gāo Shān　　　　　name of a person
3. 雅克　　　　　　　Yǎkè　　　　　　　Jacques

注 释 Notes

1. 尤其

　　副词。表示"进一步突出情况适用的对象"或"范围"；"特别"。上文必须指出全体或与之比较的对象或范围。常用的结构有"尤其＋是……"；"尤其＋词语／短语"。如：

尤其, usually occurring in the constructions 尤其＋是…… or 尤其＋word/phrase, is an adverb meaning "especially."

　　(1) 这几个问题都很重要，尤其是第二个问题。

　　(2) 我们要互相帮助，尤其是在困难的时候。

　　(3) 尤其不能原谅的是，他对工作不负责任。

　　(4) 我们应尽快地找到这几个人，尤其是赵华。

2. 重中之重

　　固定词组。意思是"中心工作中的重点"或"首要的、最重要的"。如：

This idiom means "the most important."

(1) 在今后的一个时期内，发展西部的经济，将成为中国经济工作的重中之重。

(2) 调整农产品结构，是农业发展的重中之重。

3. ……非……不可

固定格式。表示"一定要这样"。强调表达方法之一。如：

This pattern means "must." It is one way to show emphasis.

(1) 这批货物在 4 月中旬以前非上市不可。

(2) 你的意思是非采用信用证支付不可，是吗？

4. ……不……不……

固定结构。两次否定，表示"肯定"。强调表达方法之一。如：

This pattern is a double negation expressing affirmative meaning. It is one way to show emphasis.

(1) 王明，这事你不该不管。（应该管）

(2) 这件事你不可能不知道。（应该知道）

5. 两全其美

成语。意思是"做一件事顾全两个方面，使两方面都很好"。如：

This idiom means "perfect in both respects."

(1) 决定前应考虑各方面的因素，尽可能做到两全其美。

(2) 能做到两全其美，可真不容易。

6. 大 + 有 + 名词

固定格式。表示"程度很深"。如：

This pattern shows a high degree.

(1) 这件事与他大有关系。

(2) 我看，做成这笔买卖大有希望。

7. 白色污染

固定词语。泛指由白色的废弃塑料制品形成的污染。如：

This phrase refers to the pollution caused by rejected white plastic products.

(1) 铁路两旁的白色污染很严重。

(2) 解决两侧的白色污染问题是当务之急。

练 习　Exercises

一、根据《会话 2》的内容回答下列问题：

Answer the following questions according to Dialogue 2：

1. 目前，包装业发展的重中之重是什么？

2. 为什么要开发新的包装材料？

3. 今后应大力发展什么包装材料？

4. 软包装材料包括哪几种？硬质包装材料呢？

5. 中方为什么希望用纸铝箔材料包装奶粉？

二、选择下列词语填空：

Fill in the blanks with appropriate words given below：

　　重中之重、尤其、悄悄、非、大

1. 这事（　　）你办不可。

2. 我看这里面（　　）有问题。

3. 人们的消费观念（　　）地发生着变化。

4. 这几种材料都不错，（　　）是那一种。

5. 开发新的软包装材料，是我们公司今年工作的（　　　）。

三、填写适当的词语：

Fill in the blanks with appropriate words：

1. 吸引_____　2. 污染_____　3. 禁止_____

4. 替代_____　5. 保质_____　6. 包装_____

会　话　3

（在 W 市番茄加工厂的样品展览室）

宋文海：请看，这几张照片是西红柿的清洗车间。

文森特：噢，是自动化流水作业。

宋文海：是的。那几张照片是高温灭菌车间。

文森特：噢，全是不锈钢制造的高温消毒罐，卫生条件不错。

宋文海：是的。这条流水线是我们前年才引进的。请看，这是我厂加工的蕃
　　　　茄酱。

文森特：哦？颜色这么红，是不是加色素啦？

宋文海：请放心，这是决不可能的。您可能还不知道，由于这儿的土质和阳光很适合西红柿的生长，所以番茄酱的红色素和固体含量都比同类产品高。

文森特：如果是这样，那可是理想的绿色食品。

宋文海：正是这样，我厂加工的番茄酱常常是供不应求。请到这边来看一下，这是包装车间。

文森特：这种易拉式的铁罐包装，食用时很方便。

宋文海：是的。这种罐装番茄酱，净含量分别为125克、250克和500克。

文森特：这种加厚塑料袋包装的，每袋净重是35克吧？

宋文海：是的。这是一次量包装。

文森特：最好在这个部位增加一个撕开标志。

宋文海：可以。请看，这是我们改进后的新包装。在小包装封口的左下方，印有一个黑色小箭头。

文森特：如果在箭头前方注上英文"OPEN"，就再好不过了。

宋文海：可以。还有什么要求吗？

文森特：没有什么特别的要求。但需要说明的是，软、硬包装上都要有条形码（UPC）标志，否则，进口时无法通过海关检验。

宋文海：您看这里，条形码都印刷在保质期和生产日期的下面。

文森特：可以。这个位置比较明显。

宋文海：下面，我们去参观一下车间，好吗？

文森特：好的。

生　词　New Words

1. 番茄	（名）	fānqié	tomato
2. 照片儿	（名）	zhàopiānr	photo
3. 西红柿	（名）	xīhóngshì	tomato
4. 清洗	（动）	qīngxǐ	to clean by washing
5. 自动化	（名）	zìdònghuà	automation
6. 高温	（名）	gāowēn	high temperature
7. 灭	（动）	miè	to kill; to exterminate
8. 菌	（名）	jūn	bacterium
9. 不锈钢	（名）	búxiùgāng	stainless steel

10. 消毒	（离）	xiāo dú	disinfect; sterilize
11. 卫生	（形/名）	wèishēng	sanitary; sanitation
12. 酱	（名）	jiàng	sauce; jam
13. 色素	（名）	sèsù	coloring matter; pigment
14. 决	（副）	jué	definitely
15. 土质	（名）	tǔzhì	condition of soil
16. 阳光	（名）	yángguāng	sunlight
17. 生长	（动）	shēngzhǎng	to grow
18. 红色素	（名）	hóngsèsù	haematochrome
19. 固体	（名）	gùtǐ	solid matter
20. 同类	（名）	tónglèi	of the same type
21. 理想	（名）	lǐxiǎng	ideal
22. 绿色食品		lǜsè shípǐn	green food; natural food
23. 供不应求		gōng bú yìng qiú	supply falls short of demand
24. 易拉式		yìlāshì	ring-pull
25. 铁	（名）	tiě	iron
26. 食用	（动）	shíyòng	to eat
27. 厚	（形）	hòu	thick
28. 净重	（名）	jìngzhòng	net weight
29. 分别	（副）	fēnbié	respectively
30. 袋	（名/量）	dài	bag
31. 部位	（名）	bùwèi	part
32. 撕	（动）	sī	to tear
33. 封口	（离）	fēng kǒu	to seal
34. 下方	（名）	xiàfāng	under; below
35. 黑色	（名）	hēisè	black
36. 箭头	（名）	jiàntóu	arrow
37. 前方	（名）	qiánfāng	front
38. 软包装		ruǎnbāozhuāng	soft packing
39. 硬包装		yìngbāozhuāng	hard packing
40. 条形码	（名）	tiáoxíngmǎ	bar code
41. 印刷	（动）	yìnshuā	to print
42. 下面	（名）	xiàmian	under; below
43. 明显	（形）	míngxiǎn	obvious; conspicuous

专 名　Proper Nouns

| 1. 宋文海 | Sòng Wénhǎi | name of a person |
| 2. 文森特 | Wénsēntè | Vincent |

注 释　Notes

1. 决

副词。表示"一定"的意思。用在否定副词"不"的前边，表示"坚决否定事情发生的可能性"。如：

The adverb 决 before the negative adverb 不 denies definitley the possiblity of something's happening.

(1) 这事定了，我决不后悔。

(2) 这件事决不会成功。

2. 绿色食品

固定词语。比喻没有受过污染的食品。如：

This phrase refers to unpolluted food.

(1) 我们出口的这批大米，是绿色食品。

(2) 在中国市场上，绿色食品的销量越来越大。

3. 撕开

趋向补语的引申用法。表示"使事物展开"。如：

开 here is an extended usage of directional complement. It implies the meaning of expanding or spreading.

(1) 这个消息很快就传开了。

(2) 这事儿已经说开了，别再生气啦。

练 习　Exercises

一、根据《会话 3》的内容，回答下列问题：

Answer the following questions according to Dialogue 3:

1. 与其他地区的同类产品相比，这里加工出的蕃茄酱有什么特点？

2. 蕃茄酱的销售包装有哪几种？

3. 外商对销售包装提出了什么修改意见？

4. 在销售包装上应印刷哪些内容？

5. 请简单介绍一下这家蕃茄加工厂的情况。

二、选择下列词语填空：

Fill in the blanks with appropriate words given below:

再好不过了、供不应求、最好、否则、决

1. 在封口的左侧，（   ）印有一个小箭头。

2. 请放心，这事我（   ）不会告诉别人。

3. 销售包装上应印有生产日期，（   ）禁止销售。

4. 这种蕃茄酱很受客户的欢迎，常常是（   ）。

5. 如果这种蔬菜罐头是易拉式的，那就（   ）。

三、填写适当的词语：

Fill in the blanks with appropriate words:

1. 流水_____   2. 高温_____   3. 引进_____

4. 食用_____   5. 改进_____   6. 通过_____

综合练习　Comprehensive Exercises

一、选择画线字的正确读音：

Choose the right phonetic transcription of the underlined part:

1. 供不应求（gōng.yìng/gòng.yīng）   2. 不锈钢（bú/bù）

3. 照片儿（piànr/piānr）   4. 绿色食品（lǜ.pǐn/lì.pǐng）

5. 塑料袋（sù/suò）   6. 质量（zhì/zhǐ）

7. 决不可能（jué.bù/jué.bu）   8. 不知道（bù/bú）

9. 灭菌（jūn/jùn）

二、填写适当的补语：

Fill in the blanks with appropriate complements:

出来、一下、上、出、开

1. 请谈（   ）您的看法。

2. 请说（   ）商品的名称就行了。

3. 这个消息很快就传（　　）了。

4. 在内包装的左下角印（　　）保质期。

5. 有些商品的质量，从表面上就可以看（　　）好坏。

三、找出句中与下列词语相反或相对的词语：

Find the antonyms of the given words in the following sentences：

厚、硬、禁止、保护、漂亮

1. 这种包装画面很难看。

2. 这种丝绸面料比较薄。

3. 采用软包装比较合适。

4. 使用这种包装材料，不会破坏环境。

5. 在食品行业中，这种包装材料允许使用。

四、整理句子：

Rearrange the given words into a sentence：

1. 供不应求、生产、产品、目前、我、这、厂、的、种

2. 材料、利用、包装、可以、回收、这、再、种

3. 咖啡、打算、速溶、瓶装、进口、我、批、一

4. 工厂、流水、我们、作业、生产、是、的

5. 样式、希望、内包装、采用、我、的、新、方

五、用指定结构或词语改写句子：

Rewrite the following sentences with the given words or constructions：

1. 尽管这种包装材料不错，可我们缺少必要的技术和设备。（……固然……，但……）

2. 虽然这种包装样式很别致，但成本太高。（虽说……，但……）

3. 我认为，底色用浅绿色的最好。（再好不过了）

4. 这一定不是他设计的图案。（决）

5. 消费者都很喜欢这种内包装样式。（……没有不……）

六、思考题：

Questions for thinking:

1. 人们常管"销售包装"（selling package）叫什么？

2. 你知道销售包装有哪几种方式？

第十六单元 改天再说吧

关键词语：单件包装　包装材料　唛头　封口　整箱
　　　　　集合包装　指示标志　衬垫　拆箱　拼箱

拒绝或推托的表达方式

1. 实在很抱歉，4月份的订单已经排满了。

2. 对不起，恐怕不好办。

3. 这个嘛，我再考虑考虑。

4. 您的心意我们领了，但今晚与其他客户有约会，实在对不起。

5. 看情况吧。

6. 对不起，时间太紧啦，可能办不到。

7. 这个问题，让我考虑考虑再答复你。

8. 啊，这事有点难办。

9. 说实话，我是心有余而力不足啊。

10. 实在很抱歉，在这方面我无能为力。

会　话　1

（在华夏服装有限公司会客室内）

迈克尔：秦经理，今夏男衬衫的流行色，主要有哪几种？

秦小康：据业内人士分析，仍以白色为主旋律，浅灰、淡蓝和咖啡色，也会有一定的市场空间。

迈克尔：那样式和面料呢？

秦小康：样式不会有太大的变化。至于面料嘛，免烫的纯棉衬衫会成为抢手货。

迈克尔：看来，科技含量高的面料将成为服装制造商的首要选择。

秦小康：正是这样。要想满足市场和消费者的需求，就要寻找消费的共同点。

迈克尔：那倒是。看来我要好好儿谢谢张先生了。

秦小康：哦，这话怎讲？

迈克尔：要是没有他的引见，我怎么会认识您这样的专家呢？

秦小康：哈哈……，您真会开玩笑。

迈克尔：说真的，秦经理，我这次来拜访您，是为了订购一批免烫全棉衬衫。不知4月初能不能交货？

秦小康：实在很抱歉，4月份的订单已经排满了，最早也要5月中旬才能交货。

迈克尔：如果是小批量订货，能不能想想办法呢？

秦小康：对不起，恐怕不好办。迈克尔先生，您看，这种衬衫的面料也很挺括，只要注意洗涤方法，就不需要每次熨烫。您订购这种面料的行不行？

迈克尔：这个嘛，我再考虑考虑。我还想问一下，如果我方能够进口免烫全棉衬衫的话，单件包装怎么打呢？

秦小康：不知您指的是悬挂式包装，还是折叠式包装？

迈克尔：折叠式的。

秦小康：一般用瓦楞硬纸板箱包装，每箱装2打，然后用胶带封口。

迈克尔：可以。秦经理，我在三元酒家预订了座位，如果今晚有空儿，请您和黄副经理赏光。

秦小康：谢谢。您的心意我们领了，但今晚与其他客户有约会，实在对不起。

迈克尔：没关系，那就改天再说吧。

生　词　New Words

1. 衬衫　　　（名）　chènshān　　　shirt
2. 业内　　　　　　　yènèi　　　　　in the business; in the trade
3. 分析　　　（动/名）fēnxī　　　　　to analyse; analysis
4. 主旋律　　（名）　zhǔxuánlǜ　　　main melody

48

5. 灰	（形）	huī	grey
6. 淡	（形）	dàn	light; pale
7. 色	（名）	sè	color
8. 面料	（名）	miànliào	(cloth) material
9. 引见	（动）	yǐnjiàn	to introduce
10. 至于	（连）	zhìyú	as to
11. 烫	（动/形）	tàng	iron
12. 抢手	（形）	qiǎngshǒu	popular; in great demand
13. 服装	（名）	fúzhuāng	clothing; dress
14. 制造商	（名）	zhìzàoshāng	manufacturer
15. 要	（连）	yào	if
16. 满足	（动）	mǎnzú	to satisfy; to meet (the need of)
17. 寻找	（动）	xúnzhǎo	to seek; to look for
18. 消费	（动）	xiāofèi	to consume
19. 共同	（形）	gòngtóng	common
20. 实在	（副）	shízài	indeed; really
21. 抱歉	（形）	bàoqiàn	sorry
22. 排	（动）	pái	to arrange
23. 挺括	（形）	tǐnggua	stiff and smooth
24. 洗涤	（动）	xǐdí	to wash
25. 单件包装		dānjiàn bāozhuāng	piece packing
26. 打	（动）	dǎ	to pack
27. 悬挂式		xuánguàshì	hanging
28. 折叠式		zhédiéshì	folding
29. 瓦楞	（名）	wǎléng	corrugated
30. 纸板	（名）	zhǐbǎn	paperboard; cardboard
31. 打	（量）	dá	dozen
32. 胶带	（名）	jiāodài	adhesive tape
33. 空儿	（名）	kòngr	spare time
34. 领	（动）	lǐng	to accept
35. 改天	（名）	gǎitiān	some other day

专 名 Proper Nouns

1. 华夏服装有限公司　　Huáxià Fúzhuāng Yǒuxiàn Gōngsī

　　　　　　　　　　　Huaxia Clothing Co. , Ltd.

2. 秦小康　　　　　Qín Xiǎokāng　　　name of a person
3. 三元酒家　　　　Sānyuán Jiǔjiā　　　name of a restaurant

注 释 Notes

1. 改天再说吧

委婉表达方式。常用来拒绝或推托对方的某种要求。也常说"以后再说吧"或"再说吧"。如:

This expression is often used to politely decline the other party's request or to put something off. Other expressions to the same effect are 以后再说吧 and 再说吧.

(1) A: 陈经理，李先生想下午见您一面。

　　B: 下午没有时间，改天再说吧。

(2) A: 周先生，我想与您谈一下合资的事。

　　B: 这事儿以后再说吧。

2. 至于

连词。用在句前，提出跟上句有联系而又独立的另一件事。需要注意的是，引进话题后，必须有停顿。如:

至于 is a conjunction used at the beginning of a sentence to introduce another independent topic that is related to the previous sentence as well. It should be noted that there must be a pause after the topic introduced.

(1) 至于订多少货物，这要看贵方的报价了。

(2) A: 王先生，这种包装材料的成本比较高。

　　B: 那是。至于采用哪种包装材料，还得与进口商再商量一下。

3. 要（是）……，就……

假设复句。前一分句先假设某种情况，后一分句再针对这种情况进行评论或判断，或提出某种论断，用来衬托结论或进行对比。如：

This pattern occurs in complex sentences of supposition in which the first clause makes a supposition while the second clause gives an evaluation, makes a judgement or draws an inference from it.

(1) 要想降低包装成本，就要开发新的包装材料。

(2) 要是我方接受这种支付方式，贵方就应给予一定的优惠条件。

(3) 要采用木箱包装，就要增加包装费用。

(4) 要是改变单件包装方式，就要先与厂家协商。

4. 要是

连词。表示假设，相当于"如果"。用于口语，常与结构助词"的话"连用。如：

要是，usually used with the structural particle 的话 in spoken Chinese, is a conjunction meaning "if."

(1) 要是计划改变了，请早点通知我。

(2) 要是有问题的话，请尽管提出来。

(3) 要是采用汽车运输的话，下周就可以发货。

(4) 要是订购这种面料的衬衫，5 月中旬才能交货。

5. 赏光

客套话。用于请对方接受自己的邀请。如：

This polite expression is used to ask the other party to accept the invitation.

(1) 沈先生，这是我们经理给您的请帖，请您赏光。

(2) 明天上午，我们将举行记者招待会，请您赏光。

练　习　Exercises

一、根据《会话 1》的内容，回答下列问题：

Answer the following questions according to Dialogue 1:

1. 哪种衬衫将成为今夏的抢手货？

2. 迈克尔是怎么认识秦经理的？

3. 迈克尔拜访秦经理的目的是什么？

4. 秦经理能满足迈克尔的要求吗？

5. 中方怎么打单件包装？

二、选择下列词语填空：

Fill in the blanks with appropriate words given below:

说真的、再说吧、要是、至于、将

1. （   ）这个问题，我再考虑考虑。
2. （   ），这种悬挂式包装比较实用。
3. （   ）贵方同意，可以马上办理手续。
4. 这事过几天（   ）。
5. 这个问题（   ）在下周讨论。

会 话 2

（在京华建材有限公司的办公室内）

多玛：乔先生，我在杂志上看到一条消息，说是在甘肃的一处文化遗址中，出土了一片距今约5000年的混凝土地面。

乔峰：我也听说过这个消息。有趣的是，经化验分析，混凝土所含成分与现在的100号水泥相同。

多玛：这对研究古代建筑材料很有参考价值。

乔峰：那是。但古人怎么也不会想到，他们的这一创造在5000年后还有价值；他们更不会想到，现代建筑业发展这么快，水泥的使用这么广泛。

多玛：是啊。改革开放以后，中国建筑业的发展真是一日千里。

乔峰：据有关专家预测，明年建筑市场对水泥的需求量，还将增加20%。

多玛：这可是个好消息。如果贵公司要增加进口数量，我们愿意与您合作。

乔峰：看情况吧。眼下亟须解决的是，单件包装水泥的渗漏问题。

多玛：这不成问题。以前也有客户反映过类似的情况，主要是因为袋装水泥相互挤压造成的。

乔峰：有这种可能。所以用户要求改变下一批货物的包装材料。

多玛：对不起，时间太紧啦，可能办不到。

乔峰：如果不改变包装材料，可能会影响到明年的订货数量。

多玛：您看这样好吗？通过改变集合包装方式来解决这一问题。

乔峰：您的意思是……

多玛：根据以往的经验，采用集装箱运输，就不会发生类似的情况。

乔峰：哦，我明白了。您是说集装袋不适合水泥的长途运输，是吧？

多玛：正是这样。

乔峰：那好，我们研究一下再说吧。

多玛：可以。请一周内通知我方。

乔峰：没问题。唛头由我方制作，可以吗？

多玛：可以。但必须在装运前20天寄到，否则由我方决定。

乔峰：好的，就这样吧。

生 词 New Words

1. 杂志	（名）	zázhì	magazine
2. 遗址	（名）	yízhǐ	relics; ruins
3. 出土	（动）	chūtǔ	be unearthed; be excavated
4. 距	（介）	jù	apart from; from
5. 混凝土	（名）	hùnníngtǔ	concrete
6. 地面	（名）	dìmiàn	ground; floor
7. 有趣	（形）	yǒuqù	interesting
8. 化验	（动）	huàyàn	to assay; to test
9. 含	（动）	hán	to contain
10. 成分	（名）	chéngfèn	element; component; ingredient
11. 与	（介、连）	yǔ	with; and
12. 水泥	（名）	shuǐní	cement
13. 相同	（形）	xiāngtóng	same; identical
14. 古人	（名）	gǔrén	ancient people
15. 创造	（动/名）	chuàngzào	to create; creation
16. 广泛	（形）	guǎngfàn	wide
17. 一日千里	（成）	yí rì qiān lǐ	a thousand *li* a day; at a tremendous pace
18. 可	（副）	kě	*used for emphasis*
19. 亟须		jí xū	urgently
20. 渗漏	（动）	shènlòu	to leak
21. 袋装		dàizhuāng	in bales
22. 相互	（副）	xiānghù	each other
23. 压	（动）	yā	to press
24. 造成		zàochéng	to cause
25. 集合包装		jíhé bāozhuāng	group packing

26. 集装袋	（名）	jízhuāngdài	flexible container
27. 长途	（形）	chángtú	long-distance
28. 唛头	（名）	màitóu	mark

专 名 Proper Nouns

1. 京华建材有限公司　　　　Jīnghuá Jiàncái Yǒuxiàn Gōngsī

　　　　　　　　　　　　　　Jinghua Building Materials Co. , Ltd.

2. 乔峰	Qiáo Fēng	name of a person
3. 多玛	Duōmǎ	name of a person
4. 甘肃	Gānsù	a province in Northwest China

注 释 Notes

1. 说是

习用语。用于转述别人的话。如：

This expression is used to report what the other people said.

(1) 刚才他来过，说是有急事就走了。

(2) 外商没有马上订货，说是包装材料不好。

2. 一日千里

成语。形容速度极快。如：

This idiom expresses a very high speed.

(1) 近十年来，中国高速公路的发展真是一日千里。

(2) 九十年代以来，中国电子信息产业的发展可谓一日千里。

3. 看情况吧

固定短语。表示"说话人拒绝对方的要求"或"推托某事"。如：

This phrase indicates the speaker's refusal of the other party's request or his attempt to put something off.

(1) A: 周先生，我想见一下秦经理，请您给安排一下好吗？

　　B: 看情况吧。

(2) A: 多玛先生，这批货能采用集合包装吗？

　　B: 恐怕来不及了，看情况吧。

(3) A：在这个问题上，乔先生能帮我们一下吗？

　　　B：看情况吧。

4．是……的

固定格式。表示"强调产生某种结果的动作行为"或"原因"。如：

The construction 是……的 lays stress on the reason or result of something.

(1) 水泥运输中的渗漏问题，是因为水泥袋相互挤压造成的。

(2) 改变销售包装方式，是买方提出来的。

5．……的＋是＋短语／小句

是字句。表示"强调谓语部分"。如：

This construction with 是 emphasizes the predicate.

(1) 有趣的是，混凝土所含成分与今天的 100 号水泥相同。

(2) 可惜的是时间来不及了。

(3) 眼下要解决的是，单件包装水泥的渗漏问题。

练　习　Exercises

一、根据《会话 2》的内容，回答下列问题：

Answer the following questions according to Dialogue 2：

1．杂志上登了一条什么消息？

2．为什么用户要求改变下批货物的包装材料？

3．造成袋装水泥渗漏的原因是什么？

4．采取什么办法才能解决水泥渗漏问题呢？

5．唛头由哪方制作？

二、选择下列词语填空：

Fill in the blanks with appropriate words given below：

　　看情况吧、说是、可能、将、与

1．刚接到他的一份传真，（　　　　）3 号到京。

2．这种事很难办，（　　　　）。

3．请原谅，你的要求（　　　　）办不到。

4．张秘书，明天再（　　　　）对方联系一下。

5．据专家预测，明年木材的需求量还（　　　　）增加 10％。

Fill in the blanks with appropriate words：

1. 文化_____ 2. 出土_____ 3. 参考_____

4. 长途_____ 5. 反映_____ 6. 造成_____

会 话 3

（在昌盛烟酒批发公司的会客室内）

安格尔：听朋友说，中国人对高档白酒的喜爱，胜过啤酒和葡萄酒。是这样吗？

田　地：应该说，过去是这样的。这些年随着经济的发展，人们对酒的消费观念也渐渐发生着变化。

安格尔：平时喝酒的人少了，只是在喜庆日子或节假日，亲朋好友在一起时，才以酒助兴。是吗？

田　地：是的。多数人还是选择营养丰富、有助于身体健康的低度酒。

安格尔：这么说，眼下低度酒是人们的首选佳品了？

田　地：是的。所以我们打算进口一批葡萄酒，以便满足不同消费者的需求。

安格尔：要桶装的还是瓶装的？

田　地：瓶装的。

安格尔：那贵方能否预付三分之一的货款呢？

田　地：这个问题，让我考虑考虑再答复您。

安格尔：那好。贵方希望什么时候交货呢？

田　地：最好在春节前 25 天运到目的港。

安格尔：啊，这事有点难办。

田　地：您的意思是……

安格尔：如果是整箱交、整箱接（FCL/FCL）还可以，但拼箱交、拆箱接（LCL/LCL）就难说了。

田　地：贵方的意思是要求我们增加订购数量，对吧？

安格尔：对。田先生思维敏捷，真不愧是谈判的高手啊！

田　地：哪里，哪里。说实话，我是心有余而力不足啊。您也知道，大量进口这种高档酒，如果供大于求，我方的风险就大了。同时也会影响到这种酒在中国市场上的销路。

安格尔：有道理。那么，贵方在包装上还有什么要求呢？

56

田　　地：我们希望用纸板做内包装的衬垫。还有，在单件包装上要有"小心轻放"和"此端向上"的指示标志。

安格尔：这没问题。希望贵方能再考虑一下增加订购数量的问题。

田　　地：实在很抱歉，在这方面我无能为力。

生　词　New Words

1.	批发	（动）	pīfā	wholesale
2.	白酒	（名）	báijiǔ	spirit; white spirit
3.	喜爱	（动）	xǐ'ài	to like
4.	胜	（动）	shèng	to surpass; to exceed
5.	于	（介）	yú	to
6.	渐渐	（副）	jiànjiàn	gradually
7.	平时	（名）	píngshí	at ordinary times; usually
8.	喜庆	（名）	xǐqìng	happy event
9.	或	（连）	huò	or
10.	亲朋好友		qīnpéng hǎoyǒu	relatives and good friends
11.	助兴	（离）	zhù xìng	to add to the fun; to liven things up
12.	多数	（名）	duōshù	majority
13.	营养	（名）	yíngyǎng	nutrition; nourishment
14.	有助于		yǒuzhùyú	helpful to
15.	佳	（形）	jiā	good; excellent
16.	品	（动/尾）	pǐn	product; article
17.	以便	（连）	yǐbiàn	in order to
18.	桶装		tǒngzhuāng	in casks; in barrels
19.	能否		néngfǒu	whether or not
20.	整箱		zhěngxiāng	full-container
21.	拼箱		pīnxiāng	less-than-container
22.	难说	（形）	nánshuō	hard to say
23.	思维	（名）	sīwéi	thinking; thought
24.	敏捷	（形）	mǐnjié	quick; nimble
25.	不愧	（副）	búkuì	worthy of; deserve to be called
26.	高手	（名）	gāoshǒu	past master; master-hand

27. 供大于求		gōng dà yú qiú	supply falls short of demand
28. 衬垫	（名）	chèndiàn	lining
29. 小心	（形/动）	xiǎoxīn	careful
30. 小心轻放		xiǎoxīn qīng fàng	handle with care
31. 此端向上		cǐ duān xiàng shàng	this side up
32. 指示标志		zhǐshì biāozhì	mark of instruction
33. 无能为力		wú néng wéi lì	can do nothing; powerless

专　名　Proper Nouns

1. 昌盛烟酒批发公司　　　Chāngshèng Yānjiǔ Pīfā Gōngsī
Changsheng Cigarettes and Alcohol
Wholesale Company
2. 春节　　　Chūn Jié　　　the Spring Festival; the Chinese New Year
3. 安格尔　　Ān'gé'ěr　　　name of a person
4. 田地　　　Tián Dì　　　 name of a person

注　释　Notes

1. A 胜过 B

比较句。意思是 A 超过 B，A 比 B 更优越。如：

This sentence of comparison means A surpasses B, or A is better than B.

(1) 中国人对高档白酒的喜爱胜过啤酒和葡萄酒。

（与啤酒和葡萄酒相比，中国人更喜爱高档白酒）

(2) 这种手表的质量胜过国内同类产品。

（与国内同类产品相比，这种手表的质量更好）

2. 于

介词。表示对象，相当于"对"、"对于"。常用于动词或形容词之后，与其他词语构成介词短语，作谓语的补语。如：

The preposition 于 often follows verbs or adjectives to form a prepositional phrase as the complement of the predicate. It means "to" or "for."

(1) 这样做有利于公司，我们应该同意。

(2) 他一向乐于助人。

58

(3) 我不大习惯于这种生活方式。

(4) 有心脏病的人，不宜于坐飞机。

3. 这么说

习用语。表示"说话人根据某种情况作出判断"，或"进一步解释、说明"等。如：

This expression introduces an inference drawn by the speaker from a certain situation.

(1) 这么说，你是误会了我的意思。

(2) 这么说，贵方还不了解我公司的产品质量。

(3) 这么说，我们还要进一步协商。

(4) 这么说，部分包装费用应由我方承担了。

4.……，以便……

目的复句。表示目的，相当于"为的是"。用来连接后一分句。如：

以便 is used in the second clause of a complex sentence to indicate purpose.

(1) 采用纸质包装材料，以便减少环境污染。

(2) 采用集装箱运输，以便提高综合效益。

5. 心有余而力不足

成语。意思是"心里很想做某件事，但力量不足，无法去做"。常用于拒绝对方要求或推托某事。有时可将"而"字省略，意思不变。如：

This idiom, often used to decline the other party's request or put something off, means "The spirit is willing, but the flesh is weak." 而 can be omitted.

(1) A：高先生，能不能再想想其他办法呢？

　　B：请原谅，我也是心有余而力不足啊。

(2) 要是可能的话，我一定帮忙，可现在是心有余力不足啊。

练　习　Exercises

一、根据《会话3》的内容，回答下列问题：

Answer the following questions according to Dialogue 3：

1. 眼下多数人喜欢喝什么酒？

2. 田先生为什么打算进口一批葡萄酒呢？

3. 安格尔向中方提出了哪几个要求？

4. 田先生为什么不同意增加进口数量?

5. 田先生对葡萄酒单件包装提出了什么要求?

二、选择下列词语填空:

Fill in the blanks with appropriate words given below:

这么说、以便、胜过、过、于

1. 听朋友说,喝葡萄酒有益(　　　　　)身体健康。

2. 一个人的能力不可能(　　　　　)集体的力量。

3. 我从来没看他这么高兴(　　　　　)。

4. 春节前 20 天运到北京,(　　　　　)赶上销售旺季。

5. (　　　　　),我们的计划不能实现了。

三、填写适当的词语:

Fill in the blanks with appropriate words:

1. 消费_____　2. 营养_____　3. 影响_____

4. 预付_____　5. 思维_____　6. 谈判_____

综合练习　Comprehensive Exercises

一、选择画线字的正确读音:

Choose the right phonetic transcription of the underlined part:

1. 混凝土 (hǔn/hùn)　2. 想想 (xiǎng /xiang)　3. 主旋律 (lǚ/lù)

4. 好好儿 (hāor/hǎor)　5. 心意 (yì/yi)　6. 流行色 (sè/shè)

7. 不好办 (bù/bú)　8. 先生 (shēng/sheng)　9. 那倒是 (shì/shi)

二、填写适当的量词:

Fill in the blanks with appropriate measure words:

袋、瓶、箱、个、公斤、克、打、台

1. 葡萄酒每(　　)装 10 (　　)。

2. 水泥每(　　)装 25 (　　)。

3. 苹果罐头每(　　)装 500 (　　)。

4．每（　　）集装箱装 300（　　）彩电。

5．这种纯棉袜子每（　　）装 40（　　）。

三、填写适当的补语：

Fill in the blanks with appropriate complements：

满、上、到、成、出

1．这笔买卖，他三天就谈（　　）了。

2．20 公斤可以装（　　）一箱。

3．在合同中，目的港名称要注（　　）英文。

4．谈（　　）这个问题，使我想起一件事。

5．对不起，我已经做（　　）最大努力了。

四、整理句子：

Rearrange the given words into a sentence：

1．衬垫、内包装、材料、请问、的、做、用、哪、种

2．指示标志、单件包装、印刷、在、上、要

3．集合包装、方式、请问、采用、种、哪

4．运输包装、刷写、唛头、在、的、两侧

5．单件包装、进口商、方式、希望、改变

五、用指定结构改写句子：

Rewrite the following sentences with the given constructions：

1．如果采用瓶装，需要增加 5％的包装费用。（要是……，就……）

2．如果有消息，请早点通知我方。（要是……的话）

3．水泥渗漏，是因为包装材料不好。（是……的）

4．如果可以的话，我希望能见王经理一面。（……的＋是……）

5．为了满足生产的需要，我们进口了一批原料。（……，以便……）

六、思考题：

Questions for thinking：

1．人们常管"运输包装"（shipping package）叫什么？它可分哪几类？

2．一般来说，运输的包装标志分哪几种？

3. 一般来说，唛头应由哪方来制作？

常见包装标志

此处用链(Sling here)

易碎,小心搬运
(Fragile,Handle
with care)

禁止用钩(Use no
hooks)

此端向上 (This
way up)

防热(keep away
from heat)

保持干燥(Keep dry)

重心 (Center
of gravity)

第十七单元 祝您平安

关键词语：保险责任 基本险 险别 保单 投保
保险期限 附加险 费率 保费 加保

委托的表达方式

1. 请代我向他表示感谢。

2. 关于贵方委托我们代办照相机投保一事，……

3. 那就拜托您啦。

4. 卡尔先生让我把几份材料转交给您。

5. 麻烦您代我向他问好。

6. 请给卡尔先生捎个话儿，欢迎他来中国观光旅游。

7. 投保时，请把收货人的仓库所在地填写在"目的地"一栏中。

8. 他的意思是，让我帮他物色一位代销商，对吧？

9. 请您转告龟田先生，我三天内答复他，好吗？

10. 这事儿就交给您啦，拜托啦。

会 话 1

（在北京长城饭店的咖啡厅内）

王力杰：您好，安德烈先生。

安德烈：您好，请坐。来杯咖啡还是果汁？

王力杰：谢谢，果汁吧。噢，赵经理今晚有事，不能来送行了。这是他让我转交给您的礼物，请收下。

安德烈：谢谢。哦，好漂亮的茶具啊。请代我向他表示感谢。

王力杰：一定。关于贵方委托我们代办照相机投保一事，赵经理希望再与贵方核对一下。

安德烈：可以。给您添麻烦啦。

王力杰：不客气。贵方投保的基本险是航空运输险，没有投保其他附加险吧？

安德烈：是的。我方收到保险凭证后，以电汇（T/T）形式支付保费及利息，可以吗？

王力杰：可以。用哪种货币支付呢？

安德烈：用本国货币，可以吗？

王力杰：最好用美元支付。您说呢？

安德烈：也可以。这是我方起草的委托书，请过目。如果没有问题，请在这儿签字。

王力杰：（看过后）可以，就这样吧。

安德烈：王先生，除了"中保"外，"太保"和"平安"这两家保险公司，在中国也很有名气，是吧？

王力杰：是的。他们的经营范围广，而且经过几年的发展，已经具备了一定的实力。

安德烈：如果中国保险市场对外开放，他们将直接参与竞争。

王力杰：是的。从1992年以后，上海和广州两地就已允许外国保险机构经营了。

安德烈：我想竞争是会很激烈的。

王力杰：但利大于弊。通过竞争，可以提高保险服务水平。

安德烈：是的。对加快开发新险种也有好处。

王力杰：那是。对不起，我该告辞了。

安德烈：好的。我也该准备出发了。那就拜托您啦。

王力杰：不客气。祝您一路平安。

安德烈：谢谢。

生　词　New Words

1. 咖啡厅　　　　　　　kāfēi tīng　　　　　　　cafe
2. 果汁　　（名）　　　guǒzhī　　　　　　　　fruit juice
3. 转交　　（动）　　　zhuǎnjiāo　　　　　　to pass on; to transmit
4. 代　　　（动）　　　dài　　　　　　　　　in place of; on behalf of
5. 投保　　（离）　　　tóu bǎo　　　　　　　to insure
6. 核对　　（动）　　　héduì　　　　　　　　to check
7. 基本险　　　　　　　jīběnxiǎn　　　　　　basic insurance
8. 航空运输险　　　　　hángkōng yùnshū xiǎn　air transport insurance
9. 附加险　　　　　　　fùjiāxiǎn　　　　　　additional risk
10. 保险凭证　　　　　　bǎoxiǎn píngzhèng　　insurance certificate
11. 保费　　　　　　　　bǎofèi　　　　　　　premium
12. 起草　　（离）　　　qǐ cǎo　　　　　　　to draft; to draw up
13. 委托书　　　　　　　wěituōshū　　　　　　certificate of entrustment
14. 名气　　（名）　　　míngqi　　　　　　　reputation; fame
15. 具备　　（动）　　　jùbèi　　　　　　　　to have; to possess
16. 实力　　（名）　　　shílì　　　　　　　　strength
17. 保险市场　　　　　　bǎoxiǎn shìchǎng　　insurance market
18. 参与　　（动）　　　cānyù　　　　　　　to participate in
19. 保险　　（名/形）　bǎoxiǎn　　　　　　　insurance
20. 激烈　　（形）　　　jīliè　　　　　　　　intense
21. 利　　　（名）　　　lì　　　　　　　　　advantage
22. 弊　　　（名）　　　bì　　　　　　　　　disadvantage
23. 险种　　（名）　　　xiǎnzhǒng　　　　　　kinds of benefits; forms
　　　　　　　　　　　　　　　　　　　　　　of insurance
24. 拜托　　（动）　　　bàituō　　　　　　　to request sb. to do sth.
25. 一路平安　　　　　　yílù píng'ān　　　　　Have a good trip.

专　名　Proper Nouns

1. 长城饭店　Chángchéng Fàndiàn　the Great Wall Sheraton Hotel
2. 安德烈　　Āndéliè　　　　　　Andre

65

3. 王力杰	Wáng Lìjié	name of a person
4. 中保	Zhōngbǎo	the People's Insurance Company of China
5. 太保	Tàibǎo	the Pacific Insurance Company of China
6. 平安	Píng'ān	Ping'an Insurance Company of China

注 释 Notes

1. （我）请（您/你）代我向他表示感谢

兼语句。兼语句的谓语是由一个动宾词组和一个主谓词组套在一起构成的。常用格式是"（主语）＋请/叫/让/派＋兼语（宾语/主语）＋动词……"，表示使令意义。口语中，常省略主语。有时也省略兼语。如：

In this pivotal sentence, the predicate consists of a verb-object construction and a subject-predicate construction, that is to say, the object of 请 is the subject of the next verb as well. The pattern is（subject＋）请/叫/让/派 + pivotal element (object/subject) + verb. The subject is often left out in spoken Chinese and the pivotal element may also be sometimes omitted. The first verb implies causative meaning.

（1）请收下。

（2）请在这儿签字。

（3）请您转告龟田先生。

（4）王经理叫他去一趟。

（5）让我再考虑一下。

（6）公司派他去机场接赵先生。

（7）祝您一路平安。

（8）在上海和广州两地，已经允许外国保险机构经营。

2. 于

介词。表示比较。"形容词/动词＋于……"。如：

The preposition 于 in the pattern adjective/verb, etc. + 于 indicates comparison.

（1）今年出口的数量多于往年。

（2）我认为开放中国保险市场，利大于弊。

（3）A型产品的性能好于B型产品。

（4）这种包装材料不同于一般木质板。

练 习　Exercises

一、根据《会话1》的内容，回答下列问题：

Answer the following questions according to Dialogue 1：

1. 赵经理让王力杰把什么东西转交给安德烈？
2. 王力杰去长城饭店干什么？
3. 关于委托投保一事，双方都洽谈了哪些问题？
4. 在中国比较有名气的保险公司有哪几家？
5. 中国保险市场对外开放后，会有哪些变化？

二、选择下列词语填空：

Fill in the blanks with appropriate words given below：

　　代办、于、请、让、来

1. （　　）代我向刘经理问好。
2. 那件事儿，他想（　　）我再问问您。
3. 请问，您还想（　　）点什么？
4. 这事就委托他（　　）一下吧。
5. 弊大（　　）利的事，谁都不愿意做。

三、填写适当的词语：

Fill in the blanks with appropriate words：

1. 投保_____　　2. 加保_____　　3. 起草_____
4. 经营_____　　5. 参与_____　　6. 提高_____

会　话　2

（在上海国华贸易公司的谈判室内）

吉尔：卫经理，卡尔先生让我把几份材料转交给您。

卫强：谢谢。麻烦您代我向他表示问候。

吉尔：一定。卫经理，我方进口的这批电扇，贵方准备在哪家保险公司投保？

卫强：我们与"太保"有多年的业务联系，进出口货物都是通过他们来办理保险的。

吉尔：可以。那贵方打算投保哪种险别呢？

卫强：因为是海运，这类货物习惯上只投保平安险。

吉尔：不知贵方注意到没有，3、4月份，这条航线上常发生台风或暴雨。

卫强：您是说，货物可能会因恶劣气候而造成部分损失，是吗？

吉尔：是的，这正是我所担心的。我希望扩大保险责任范围。

卫强：我不反对。但需要说明的是，我们报的CIF价，保险费是以平安险的费率来计算的。

吉尔：那您的意思是……

卫强：如果投保水渍险，要重新计算保险费。

吉尔：您的意思是要重新报价？

卫强：是的。如果按CIF价成交，单价中的保险费应以水渍险的费率来计算。

吉尔：是的。让我再考虑一下。还有，按"仓至仓"条款规定，海运保险责任期限是60天。

卫强：是的。这是国际惯例。

吉尔：我的意思是，投保时，请把收货人的仓库所在地填写在"目的地"一栏中。

卫强：可以是可以，但只有在投保一切险的情况下，才能加保内陆险，而且还要增加一点儿保费。

吉尔：是这样？那我们再研究研究，下午给你答复，好吗？

卫强：好的。吉尔先生，请您给卡尔先生捎个话，欢迎他来中国观光旅游。

吉尔：一定。我代他向您表示谢意。

卫强：不客气。

生　词　New Words

1. 电风扇	（名）	diànfēngshàn	electric fan
2. 险别	（名）	xiǎnbié	kinds of benefits; forms of insurance
3. 海运		hǎiyùn	sea transport
4. 平安险		píng'ānxiǎn	free of particular average（FPA）
5. 台风	（名）	táifēng	typhoon
6. 暴雨	（名）	bàoyǔ	storm
7. 恶劣	（形）	èliè	bad
8. 损失	（动/名）	sǔnshī	to lose; loss
9. 担心	（离）	dān xīn	to worry

68

10.	责任	（名）	zérèn	liability; responsibility
11.	费率		fèilǜ	rate (of premium)
12.	水渍险		shuǐzìxiǎn	with particular average（WPA）
13.	重新	（副）	chóngxīn	again
14.	单价		dānjià	unit price
15.	仓至仓		cāng zhì cāng	warehouse to warehouse
16.	收货人		shōuhuòrén	consignee
17.	仓库	（名）	cāngkù	warehouse
18.	所在地		suǒzàidì	place; location
19.	填写	（动）	tiánxiě	to fill in
20.	目的地		mùdìdì	destination
21.	栏	（名）	lán	column
22.	一切险		yíqièxiǎn	all risks
23.	加保		jiābǎo	additional insurance; to include (a certain kind of insurance)
24.	内陆险		nèilùxiǎn	overland insurance
25.	捎	（动）	shāo	to take sth. to sb.

专 名 Proper Nouns

1. 上海国华贸易公司　Shànghǎi Guóhuá Màoyì Gōngsī

　　　　　　　　　　Shanghai Guohua Trade Co., Ltd.

2.	卡尔	Kǎ'ěr	Karl
3.	吉尔	Jí'ěr	Gill
4.	卫强	Wèi Qiáng	name of a person

注 释 Notes

1. 欢迎他来中国观光旅游

　　兼语句。兼语套连动句。如：

This is a pivotal sentence with verbal constructions in series.

（1）让我帮他物色一位代销商。

（2）麻烦您代我向他表示感谢。

2.……因……而……

固定格式。连接状语和中心语。表示"前因后果"。如：

This construction joins the adverbial adjunct to the head element to indicate reason and result.

(1) 货物可能因气候恶劣而造成部分损失。

(2) 他因此事而大发脾气。

(3) 他因身体不适而取消了这次会面。

(4) 他因不了解情况而作出了错误的判断。

3. 来

动词。用在另一动词前边，表示"要做某事"。如：

The verb 来 before another verb indicates an intention to do something.

(1) 出口货物都是通过"太保"来办理手续的。

(2) 保险费是以平安险的费率来计算的。

4. 还有

固定短语。表示"追加"或"增补内容"，与"另外"、"此外"相近。常用来连接两个句子。如：

This expression, often used to join two sentences, indicates addition.

(1) 这个问题，让我再考虑一下。还有，我们想加保串味险。

(2) 我们同意4月中旬交货。还有，为了避免延期交货，我方建议增加罚款条款。

练 习 Exercises

一、根据《会话 2》的内容，回答下列问题：

Answer the following questions according to Dialogue 2:

1. 中方为什么要在太平洋保险公司投保？

2. 按惯例，这类货物投保哪种险别？

3. 为什么吉尔希望扩大保险责任范围？

4. 中方为什么要重新报价呢？

5. 如果以CIF价成交，在什么情况下可以加保内陆险？

二、选择下列词语填写：

Fill in the blanks with appropriate words given below：

您是说、还有、只有、而、把

1.（　　　　　）投保了基本险的一种，才能加保附加险。

2.（　　　　　），不需要加保附加险，是吗？

3.请您（　　　　　）这几份材料转交给赵经理。

4.我们同意这种做法。（　　　　　），销售包装需要改进一下。

5.对不起，因保险责任范围不同（　　　　　）要重新计算保费。

三、填写适当的词语：

Fill in the blanks with appropriate words：

1.转交_____　2.扩大_____　3.办理_____

4.发生_____　5.造成_____　6.保险_____

会　话　3

（在沈阳华生有限公司的会客室内）

神谷太郎：司马先生，还记得龟田先生吧？

司马少夫：噢，是上周和我们一块去故宫参观的那位吧？

神谷太郎：正是。他想托您办件事，不知行不行？

司马少夫：请讲。

神谷太郎：龟田先生打算在北京物色一位代销商，专门经营他们生产的家用
　　　　　电器。

司马少夫：他的意思是，让我帮他物色一位代销商，对吧？

神谷太郎：对。最好能快一点儿，因为他下周五要回国。

司马少夫：请您转告龟田先生，我三天内答复他，好吗？

神谷太郎：那就太好啦。这事儿就交给您啦，拜托啦。

司马少夫：不客气。听周秘书说，您对投保的险别有不同的看法。

神谷太郎：可以这么说。贵方所报的CIF价中，费率是按水渍险来计算的。

司马少夫：是的。按惯例，这类货物常投平安险或水渍险。

神谷太郎：但根据以往经验，放在舱顶的货物，常被人偷窃。

司马少夫：那可以加保偷窃、提货不着险嘛。

神谷太郎：不仅仅是偷窃的问题，有时放在舱底或靠近舱壁的货物极容易沾
　　　　　水，而这种铁皮罐头沾水后，外皮就可能生锈。

司马少夫：虽说不能排除这两种可能，但如果贵方愿意再加保锈损险的话，所增加的保费应由贵方负担。

神谷太郎：如果我方增加三分之一的订购数量，贵方能否改投一切险呢？

司马少夫：这个……如果在增加订购数量的基础上，货款总额再上调1%，我们是会考虑的。

神谷太郎：如果是这样，我们很难接受。

司马少夫：让我们双方都再考虑一下，好吗？

神谷太郎：也好，我等您的回信儿。

生 词 New Words

1. 物色	（动）	wùsè	to look for; to choose
2. 代销商		dàixiāoshāng	proxy; agent
3. 电器	（名）	diànqì	electric appliance
4. 转告	（动）	zhuǎngào	to pass on（message）; to transmit
5. 顶	（名）	dǐng	top
6. 偷窃、提货不着险		tōuqiè、tíhuò bù zháo xiǎn	risk of theft, pilferage and non-delivery
7. 偷窃	（动）	tōuqiè	to steal; to pilfer
8. 底	（名）	dǐ	bottom
9. 靠近	（动）	kàojìn	to near; to get close to
10. 壁	（名）	bì	wall
11. 沾	（动）	zhān	be stained with; to get（water）
12. 铁皮	（名）	tiěpí	iron sheet
13. 皮	（名）	pí	cover; wrapper
14. 生锈		shēng xiù	to get rusty
15. 排除	（动）	páichú	to exclude; to rule out
16. 锈损险		xiùsǔnxiǎn	risk of rust
17. 负担	（动/名）	fùdān	to bear; burden
18. 上调	（动）	shàngtiáo	to raise
19. 回信儿	（离）	huí xìnr	to reply; reply

72

专 名 Proper Nouns

1. 沈阳华生有限公司	Shěnyáng Huáshēng Yǒuxiàn Gōngsī	Shenyang Huasheng Co., Ltd.
3. 沈阳故宫	Shěnyáng Gùgōng	the Forbidden City in Shenyang Province in Northeast China
4. 司马少夫	Sīmǎ Shàofū	name of a person
5. 神谷太郎	Shéngǔ Tàiláng	name of a person
6. 龟田	Guītián	a Japanese surname

注 释 Notes

1. 记得

动词。表示"想得起来"、"没有忘掉"。常用来讲述过去发生的事，或回忆往事。有时用在句首。如：

The verb 记得, which means "remember," is often used to relate or recall what happened in the past. It may be placed at the beginning of a sentence.

(1) 这事说来话长了。记得有一次去参观……

(2) 十年前的那件事，如今我还记得。

(3) 记得那年我到日本去，正赶上东京大地震。

2. 不知

习用语。用在问句或陈述句的句首，以缓和说话人的口气，使对方不感到生硬或唐突。是一种委婉表达方式。如：

This is a polite expression used at the beginning of a declarative sentence or a question to moderate the tone so as not to make the other party feel sudden or impolite.

(1) 还有一个办法，不知贵方是否同意？

(2) 不知您指的是悬挂式包装，还是折叠式包装？

(3) 不知贵方注意到没有，3、4月份这条航线上常发生台风或暴雨。

(4) 不知贵方是否知道，我国已禁止使用这种包装材料了。

73

3. 拜托

敬辞。表示"托人办事"。常用在对话中。如：

This is an expression of respect usually used in conversation to ask a favor.

(1) 王先生，这事儿就拜托您啦。

(2) A：请放心，我马上叫秘书去办。

　　　B：太好了，那就拜托您啦。

5. 不仅仅（是）……，（而且）……

递进复句。表示"除了所说的之外，还有其他的"。用法与"不仅""不但"相同。如：

This construction in complex sentences means "not only...but also...."

(1) 今天要讨论的不仅仅是这几个问题，而且还包括上次没有讨论完的问题。

(2) 是否进口这种产品，不仅仅是个价格问题，而且也涉及到支付、包装、保险等方面的问题。

练　习　Exercises

一、根据《会话3》的内容，回答下列问题：

Answer the following questions according to Dialogue 3：

1. 龟田托司马少夫办什么事情？

2. 中方投保的是哪种险别？

3. 日商希望投保哪种险别？

4. 为什么日商希望扩大保险责任范围？

5. 在什么条件下，中方同意扩大保险责任范围？

二、选择下列词语填空：

Fill in the blanks with appropriate words given below：

　　　不仅仅、记得、不知、拜托、给

1. （　　　　　）那次他来时，还说到这事儿。

2. （　　　　　）贵方对保险条款还有什么意见？

3. 我认为这（　　　　　）关系到我方的利益，而且也关系到贵方的利益。

4. 这件事儿我就（　　　　）给您啦。

5. 请早点儿把这个消息转告（　　　　）他。

三、填写适当的词语：

Fill in the blanks with appropriate words：

1. 答复＿＿＿＿　2. 物色＿＿＿＿　3. 靠近＿＿＿＿

4. 排除＿＿＿＿　5. 沾＿＿＿＿　6. 生＿＿＿＿

综合练习　Comprehensive Exercises

一、选择画线字的正确读音：

Choose the right phonetic transcription of the underlined part：

1. 水渍险 (zī/zì)　　　2. 仓库 (cāng/chāng)　　3. 名气 (qì/qi)

4. 锈损险 (sǔn/shǔn)　5. 允许 (yǔn/yún)　　　6. 上调 (diào/tiáo)

7. 仓至仓 (zì/zhì)　　　8. 参与 (yù/yǔ)　　　　9. 茶具 (jù/ji)

二、填写适当的补语：

Fill in the blanks with appropriate complements：

　　一下、给 、到、在、下

1. 昨天下午我见（　　　）了郑副经理。

2. 时间定（　　　）明天上午八点。

3. 这个纸箱能装（　　　）10公斤苹果。

4. 麻烦您把这份材料带（　　　）他们。

5. 这事我们还要再研究（　　　）。

三、填写适当的词语：

Fill in the blanks with appropriate words：

　　起草、签字、过目、捎话、回信儿

1. 王老板，您让我给李先生（　　　）什么（　　　　）?

2. 这份材料，请张总尽快（　　　）一下（　　　）。

3. 请您在这儿（　　　）个（　　　）。

4. 小赵，这份合同你先（　　　）个（　　　），好吗?

5. 周经理，对方希望早点儿（　　　）个（　　　）儿。

四、整理句子：

Rearrange the given words into a sentence:

1. 险别、投保、贵方、准备、种、哪
2. 希望、责任、扩大、范围、保险、我、方
3. 如果、保费、加保、负担、附加险、买方、由、应
4. 手续、代办、委托、投保、进口商、卖方
5. 转告、我们、决定、他、请、把、的、给

五、用指定结构改写句子：

Rewrite the following sentences with the given constructions:

1. 这件事小李去办吧。（让……代办……）
2. 我明天见不到他，叫小王问他一下吧。（叫……帮……问……）
3. 罗厂长请李小姐来，是为了接待外商。（把……请来……）
4. 这批货数量大，交货时间也紧。（不仅仅……，而且……）
5. 我虽然不了解这个情况，但可以帮你打听一下。（虽说……但是……）

六、思考题：

Questions for thinking:

1. 中国海洋运输货物保险的险别有哪几种？请举例说明。
2. 偷窃、提货不着险和锈损险属于哪种险别？

四川省成都市商业销售发票

四川成都市
发票监制章

发票代码 1510109216601
发票号码 05974804

客户名称：

品名及规格	单位	数量	单价	金额
				百 十 元 角 分
当归片				2 1 0 0 0

2008 年 7 月 14 日填制

金额合计
(大写) 贰 佰 壹 拾 ○元 ○角 ○分

成都市武侯区
小小书屋
财务专用章
5101003014421

销货单位(盖章有效)   开票   收款

第十八单元 丑话说在头里

关键词语：商检机构　法定检验　商检法　预检　鉴定
　　　　　商检证书　检验标准　复验收　出具　合格

怀疑的表达方式

1. 真的吗？

2. 不那么简单吧？

3. 这怎么可能呢？

4. 不一定吧？

5. 不见得吧？

6. 不会吧？

7. 我没听错吧？

8. 难道贵方想改变目的港吗？

9. 这不可能吧？

10. 能那么简单吗？

会 话 1

（在金胜家禽加工厂的会客室内）

杜邦：于先生，进口的冷冻鹅肝要用冷藏集装箱装运，以免途中变质。

于波：没问题。箱内温度可降到零下 25 度。

杜邦：真的吗？不用那么低，只要零下 6 度左右就可以了。

于波：请放心，箱内温度可以根据货物特点上下调整。

杜邦：那好。您也知道，对进口食品，我国海关检验的标准很高。

于波：是的。我国对出口食品的检验，也非常严格。按惯例，装运前向商检
　　　局报检，检验合格后，才能装运。

杜邦：不那么简单吧？根据我国商检法规定，家禽在屠宰前，就应申报检验，
　　　并由检验部门出具卫生检疫证书。

于波：是这样。所有待宰的家禽都要经过严格检疫后才能屠宰，并要取得商
　　　检证书。

杜邦：不对吧？这怎么可能呢？

于波："怎么可能"您指的是什么？

杜邦：根据我国进口食品检验的规定，卫生和品质检验证书有效期只有两周。

于波：啊，怪我没说清楚。我说的是预检，装运前还要申报检验。

杜邦：我说呢。不过我方还要保留复验权。

于波：这没问题。但复验的时间得定下来。最好从到港日算起，一周内有效。

杜邦：我认为，复检期应从货物卸离班轮日起，持续一周。这样比较合适。

于波：如果我没搞错的话，这两个时间没有什么差别。

杜邦：不一定吧？如果班轮到达目的港时，因某种原因不能及时靠岸呢？

于波：一般来说，都能保证班轮按时装卸货物。不过，我们尊重贵方的意见。

杜邦：谢谢您的合作。

于波：不客气。

生　词　New Words

1.	丑话	（名）	chǒuhuà	unpleasant words
2.	前头	（名）·	qiántou	beforehand
3.	家禽	（名）	jiāqín	poultry; fowl
4.	冷冻	（动/形）	lěngdòng	to freeze; frozen
5.	鹅肝		é gān	goose liver
6.	冷藏	（形/动）	lěngcáng	refrigerated; to refrigerate
7.	以免	（连）	yǐmiǎn	so as not to; in order to avoid
8.	防止	（动）	fángzhǐ	to prevent
9.	变质	（离）	biàn zhì	to go bad; to deteriorate
10.	温度	（名）	wēndù	temperature

11. 调整	（动）	tiáozhěng	to adjust
12. 商检法		shāngjiǎnfǎ	Law of Commodity Inspection
13. 屠宰	（动）	túzǎi	to butcher; to kill
14. 出具	（动）	chūjù	to issue
15. 待	（动）	dài	to wait
16. 卫生检验证书		wèishēng jiǎnyàn zhèngshū	sanitary inspection certificate
17. 宰	（动）	zǎi	to butcher; to kill
18. 严格	（形/动）	yángé	stringent; strict
19. 商检证书		shāngjiǎn zhèngshū	certificate of commodity inspection
20. 怪	（动）	guài	to blame
21. 预检		yùjiǎn	to preinspect
22. 复验权		fùyànquán	right of reinspection
23. 某	（代）	mǒu	certain
24. 岸	（名）	àn	shore

专 名 Proper Nouns

1. 金胜家禽加工厂	Jīnshèng Jiāqín Jiāgōngchǎng	Jinsheng Poultry Processing Factory
2. 杜邦	Dùbāng	du Pont
3. 于波	Yú Bō	name of a person

注 释 Notes

1. 丑话说在头里

俗语。比喻不必假客气，应事先把话说清楚，以免以后发生矛盾和误会等。也说"丑话说在前头"或"咱们得把话说在头里"。如：

This common saying means "make things clear beforehand by saying something unpleasant to avoid later misunderstanding or controversy." We can also say 丑话说在前头 or 咱们得把话说在头里 instead.

（1）丑话说在头里，以免到时候产生误会。

（2）周先生，咱们把话说在前头，试用一个月，行就留下，不行就走人。

（3）A：宋先生，我希望在合同中明确鉴定机构和检验标准。

B：可以。丑话说在前头，没什么不好的。

2. ……，以免……

目的复句。表示"使所说的情况不至于发生"。用在后一分句的开头。跟"免得"、"省得"的意思一样，多用于不希望发生的事。如：

In a complex sentence of purpose, 以免, like 免得 and 省得, is used at the beginning of the second clause meaning "lest" or "so as not to." It is usually followed by something undesirable.

（1）你最好提醒他一下，以免他忘了。

（2）装运前，全部货物都要检验，以免发生意外。

3. 怪

动词。表示"责备"或"埋怨"的意思。可带"过"。必带宾语或兼语。如：

Here 怪, which can take 过 after it, is a verb meaning "blame." An object or a pivotal element must follow it.

（1）这事我从来没怪过他。

（2）别生气了，怪我没说清楚。

（3）这事不能怪他。

4. 动词/形容词＋下来

趋向补语的引申用法。表示动作使事物固定；某种状态开始出现并继续发展；动作使事物分离。如：

This is the extended usage of directional complement. It indicates that something is settled or fixed through an action, or a certain state arises and continues developing, or something is made apart through an action.

（1）我们提出的要求，对方已经答应下来了。

（2）经过讨论，那个方案已定下来了。

（3）会场渐渐安静下来了。

（4）请把第 4 页撕下来。

（5）请把谈判内容记录下来。

5. 没问题

习用语。表示同意。常用在对话中。如：

This idiomatic expression, usually occurring in conversation to show agreement, means "no problem."

(1) A：刘先生，我们希望保留复验的权力。

B：没问题。但所需费用应由贵方承担。

(2) A：为了避免途中变质，这批冷冻食品采用冷藏集装箱装运。

B：没问题。我们会按贵方的要求办的。

练 习 Exercises

一、根据《会话1》的内容，回答下列问题：

Answer the following questions according to Dialogue 1：

1. 为什么采用冷藏集装箱运货物呢？

2. 在运输途中，箱内温度最好是多少度？

3. 对出口的家禽，中国商检局有什么规定？

4. 外商要求保留什么权力？

5. 经过协商，复验时间是怎么定的？

二、选择下列词语填空：

Fill in the blanks with appropriate words given below：

不一定吧、真的吗、没问题、以免、怪

1. （   ），我们尊重贵方的意见。

2. （   ）? 怎么会发生这种事呢？

3. （   ），市场变化太大，谁也说不准。

4. 我方建议，屠宰前要预检，（   ）发生其他问题。

5. 所以出现这个问题，就（   ）他事先没有做好准备。

三、填写适当的词语：

Fill in the blanks with appropriate words：

1. 调整_____ 2. 申报_____ 3. 出具_____

4. 保留_____ 5. 检验_____ 6. 食品_____

会 话 2

（在跃阳电器集团的谈判室内）

徐东海：请放心，埃里克先生，出口的电器产品是我国法定检验的。如果没有品质检验证书，是无法装运的。

埃里克：那贵厂出口的电器产品，是由哪个部门负责检验呢？

徐东海：由 CCIB 派人定期到工厂抽样检验。您看，这是出口产品的免检证书。

埃里克：(看了一下) 商检证书都是用中文签发的吗？

徐东海：不都是。用英文签发也可以。但多数是中英文合璧证书，很少使用其他文字。

埃里克：不见得吧？如果我希望用中文和阿拉伯文的合璧商检证书，贵方不会反对吧？

徐东海：当然不会。但我不明白您为什么要这样呢？

埃里克：很简单。我们进口的这批冰柜，有 50% 已经转售中东地区。

徐东海：啊，原来是这样。但需要说明的是，这种合璧商检证书，如果译文中有任何异点，都以中文为准。

埃里克：可以。请把以上内容打印在商检证书的右下方。

徐东海：好的。请看，埃里克先生，我厂生产的电器产品，已通过 ISO 9001 系列质量体系认证。

埃里克：我没听错吧？怎么会这么快呢？

徐东海：不瞒您说，两年前我们就开始向有关部门提出申请啦。

埃里克：这可是件好事。这就等于贵方拿到了进入国际市场的"护照"。

徐东海：是的。这种比喻一点不过分。如果没有这类认证书，是无法进入欧盟市场的。

埃里克：是这样。希望今后我们有更多的合作机会。

徐东海：但愿如此。

生　词　New Words

1. 法定检验			fǎdìng jiǎnyàn	legal inspection
2. 品质检验书			pǐnzhì jiǎnyànshū	certificate of quality
3. 抽样		(动)	chōuyàng	to sample
4. 免检			miǎnjiǎn	to exempt from inspection
5. 证书		(名)	zhèngshū	certificate
6. 签发		(动)	qiānfā	to sign and issue
7. 合璧		(动)	hébì	to combine harmoniously
8. 文字		(名)	wénzì	writing; written language

82

9. 冰柜	（名）	bīngguì	freezer
10. 转售		zhuǎnshòu	to resell
11. 译文	（名）	yìwén	translation
12. 异	（形）	yì	different
13. 准	（名）	zhǔn	standard; norm
14. 打印	（动）	dǎyìn	to print; to type
15. 系列	（名）	xìliè	series
16. 认证	（动）	rènzhèng	authentication
17. 瞒	（动）	mán	to hide the truth from
18. 介意	（离）	jiè yì	to mind
19. 等于	（动）	děngyú	equal to
20. 过分	（形）	guòfèn	over-; excessive
21. 认证书	（名）	rènzhèngshū	certificate of authentication

专 名 Proper Nouns

1. 跃阳电器集团	Yuèyáng Diànqì Jítuán	Yueyang Electric Appliances Group
2. 中东地区	Zhōngdōng Dìqū	the Middle East
3. 欧盟	Ōuméng	the European Union
4. 徐东海	Xú Dōnghǎi	name of a person
5. 埃里克	Āilǐkè	Erik
6. CCIB	即中华人民共和国进出口商品检验局	China Import and Export Commodity Inspection Bureau
7. ISO	即国际标准化组织	International Standardization Organization

注 释 Notes

1. 不见得

习用语。意思是"不一定"。表示一种主观的估计，语气比较委婉。如：

This idiom has the same meaning with 不一定. It expresses the speaker's subjective estimate or evaluation in a mild tone.

(1) 看样子，他不见得能来。

(2) 我看，这笔买卖不见得能谈成。

(3) A：听说钢材价格上涨了30%。

   B：不见得吧？据我估计，最多涨20%。

2. 不瞒您说

插入语。表示说话人的看法、意见等。如：

The parenthesis 不瞒您说 serves to introduce the speaker's idea or opinion.

(1) 不瞒您说，如果没有商检证书，海关不会签印放行。

(2) 不瞒您说，对这个问题我们有保留意见。

3. 介意

离合词。意思是"把不愉快的事记在心里；在意"。多用于否定词后，委婉地提出建议、看法或请求等。如：

The separable word 介意 means "mind" or "take offence." It usually follows a negative word to put forward one's suggestion, idea or request.

(1) 如果您不介意的话，我想提一个问题。

(2) 对不起，是我的过错，请不要介意。

(3) A：他说的话，你可别介意啊。

   B：介什么意呀，这也是为我好嘛！

   A：那我就放心了。

练　习　Exercises

一、根据《会话2》的内容，回答下列问题：

Answer the following questions according to Dialogue 2:

1. 中国出口的哪类产品属于法定检验的？

2. 跃阳电器集团出口的电器产品是如何检验的？

3. 如果商检局对法定检验的产品出具免检证书，这说明了什么？

4. 为什么外商希望出具中阿文合璧商检证书？

5. 当你不同意或不相信对方的说法/想法/看法时，如何向对方说明？

二、选择下列词语填空：

Fill in the blanks with appropriate words given below:

不瞒您说、不见得、介意、难道、等于

1. 如果您不（　　　　　）的话，我先给公司打个电话。

2. 这种检验标准，我看对方（　　　　　）同意。

3. （　　　　　），我国对进口食品的检验要求很严格。

4. 对不起，（　　　　　）这种商检证书不符合贵方的要求吗？

5. 装运前出具的品质证明书，就（　　　　　）告诉对方，出口商所交的货物是合格产品。

三、填写适当的词语：

Fill in the blanks with appropriate words:

1. 抽样＿＿＿＿　　2. 签发＿＿＿＿　　3. 打印＿＿＿＿

4. 进入＿＿＿＿　　5. 获得＿＿＿＿　　6. 提出＿＿＿＿

会 话 3

（在广州永安贸易公司的谈判室内）

郭志刚：雷吉尔先生，贵方向银行提交的单据中，应包括品质和重量检验证书。

雷吉尔：可以。对检验时间和地点，贵方有补充意见吗？

郭志刚：没有。但对其他问题还想与贵方讨论一下。

雷吉尔：请讲。

郭志刚：这批散装小麦的目的港是广州的黄埔港。

雷吉尔：是的。难道贵方想改变目的港吗？

郭志刚：啊，不。我所担心的是，如果小麦到港后发现受湿、发霉等情况，该如何处理呢？

雷吉尔：这不可能吧？就是发生了，原因也很复杂。

郭志刚：正因为这样，我们才希望与贵方事先商量一下，明确鉴定机构和检验标准。

雷吉尔：那贵方的意思呢？

郭志刚：如果发生这种情况，我方将邀请 CCIC 派人，按 GB 标准鉴定。

雷吉尔：能那么简单吗？既然不可能发生的事，贵方都认为有可能，为公平起见，我认为应该邀请第三家商检机构鉴定。

郭志刚：我不反对。当然，这类事情我们也不希望发生，但丑话说在头里，总比事后说好。您说呢？

雷吉尔：请原谅。我并不是怪罪您。如果贵方一定要坚持这样，我建议邀请瑞士驻华 SGS 检验机构进行鉴定。

郭志刚：我同意。但鉴定的费用应由责任人承担。

雷吉尔：可以。到港后 20 天内有效。

郭志刚：没问题。在有效期内，向责任方提交残损检验证书，并提出索赔。

雷吉尔：是这样。

生　词　New Words

1. 重量检验证书		zhòngliàng jiǎnyàn zhèngshū	certificate of weight
2. 补充	（动）	bǔchōng	to add; to supplement
3. 散装		sǎnzhuāng	bulk
4. 小麦	（名）	xiǎomài	wheat
5. 湿	（形）	shī	wet
6. 发霉	（离）	fā méi	to go moldy
7. 如何	（代）	rúhé	how
8. 就是	（连）	jiùshì	even if
9. 事先	（名）	shìxiān	beforehand; in advance
10. 事件	（名）	shìjiàn	event
11. 公平	（形）	gōngpíng	fair
12. 为……起见		wèi……qǐjiàn	for the purpose of
13. 总	（副）	zǒng	anyway; after all
14. 事后	（名）	shìhòu	afterwards; after the event
15. 怪罪	（动）	guàizuì	to blame; to accuse
16. 驻	（动）	zhù	to station
17. 方	（名）	fāng	party; side
18. 索赔	（动）	suǒpéi	to claim
19. 残损检验证书		cánsǔn jiǎnyàn zhèngshū	certificate of damage inspection

专 名 Proper Nouns

1. 永安贸易公司　Yǒng'ān Màoyì Gōngsī　Yong'an Trade Co., Ltd.
2. 黄埔港　　　　Huángpǔ Gǎng　　　Huangpu Port in Shanghai
3. 瑞士　　　　　Ruìshì　　　　　　Swiss
4. 郭志刚　　　　Guō Zhìgāng　　　　name of a person
5. 雷吉尔　　　　Léijí'ěr　　　　　　name of a person
6. CCIC　　　　　即中国进出口商品检验公司　China Import and Export Commodity Inspection Cooperation
7. GB 标准　　　　即中华人民共和国国家标准　China National Standard
8. SGS　　　　　即瑞士通用鉴定公司　Societe Generale de Surveillance

注 释 Notes

1. ……就是……，也……

让步复句。表示假设让步，相当于哪怕、即使。常用于口语，跟"也"连用。如：

The 就是 clause indicates a supposition (something in the extreme) and the 也 clause shows that under this supposed condition, the result or conclusion will remain unaffected. This pattern is often used in spoken Chinese and 就是 can be replaced by 哪怕 or 即使.

(1) 你就是说错了，也没有什么关系。

(2) A：王先生，您的意思是租船运输吧？

　　B：是的，就是租两条船也装不完这些货。

2. 将

副词，表示行为或情况在不久后发生；将要。如：

The adverb 将 indicates that something will happen soon. We can also say 将要 instead.

(1) 他将来北京谈一笔生意。

(2) 我们将不断扩大出口业务。

3. 为……起见

固定结构。用在主语前，有停顿，表示为达到某种目的。如：

This construction, used before the subject with a pause, indicates purpose.

(1) 为安全起见，坐车时必须系上安全带。

(2) 为保险起见，以上内容请在合同中写明。

4. 怪罪

动词。表示"责备"或"埋怨"的意思。如：

The verb 怪罪 means "blame" or "reproach."

(1) 这事儿不能全怪罪他，我也有责任。

(2) 你说，田经理要怪罪下来怎么办？

5. 我建议邀请瑞士驻华 SGS 检验机构进行检验

兼语词组在句中作宾语。它还可以充当主语、谓语、定语或补语。如：

Phrases with a pivotal element can serve as the object of a sentence as well as the subject, the predicate, the attributive or the complement.

(1) 请他来投资是不容易的。（主语）

(2) 啊，怪我没说清楚。（谓语）

(3) 对方提出一个让我为难的问题。（定语）

(4) 我认为应该邀请第三家商检机构鉴定。（宾语）

(5) 这事发生得让人感到突然。（补语）

练 习 Exercises

一、根据《会话 3》的内容，回答下列问题：

Answer the following questions according to Dialogue 3:

1. 谁是进口商？

2. 经过协商，双方讨论了哪些问题？

3. 进口商希望与对方讨论什么问题？

4. 进口商想请哪个商检机构进行鉴定？出口商呢？

5. 索赔有效期是多少天？

二、选择下列词语填空：

Fill in the blanks with appropriate words given below:

就是、怪罪、难道、将、并

1. 这批货物（　　　）在 7 月初装运。

2. 我哪是（　　　）你，只是想了解一下情况。

3. 你这样说，（　　　）还有其他原因吗？

4. 我（　　　）不认为会发生此类事情。

5. （　　　）今天下雨，我们也要去。

三、填写适当的词语：

Fill in the blanks with appropriate words:

1. 提交_____　　2. 补充_____　　3. 改变_____

4. 鉴定_____　　5. 坚持_____　　6. 进行_____

综合练习　Comprehensive Exercises

一、选择画线字的正确读音：

Choose the right phonetic transcription of the underlined part:

1. 黄埔港（bǔ/pǔ）　　2. 复杂（fú/fù）　　3. 合格（gé/gè）

4. 定下来（xia lai/xià lái）　5. 残损（cán/chán）　6. 抽样（chōu/cōu）

7. 认证书（rèn/yìn）　　　8. 调整（diào/tiáo）　9. 变质（zhì/zhǐ）

二、填写适当的量词：

Fill in the blanks with appropriate measure words:

　　度、份、批、家、类

1. 我们最近进口了一（　　　）法国红葡萄酒。

2. 请贵方出具一（　　　）卫生检疫证书。

3. 您希望由哪（　　　）商检机构鉴定呢？

4. 冷藏箱的最低温度约 20（　　　）左右。

5. 如果发生这（　　　）情况，我方概不负责。

三、填写适当的补语：

Fill in the blanks with appropriate complements:

　　清楚、下来、一下、到、错

1. 对不起，我没记（　　　）您刚说的内容。

2. 说（　　　）这个问题，我有一点新的想法。

3. 这件事情一定要搞（　　　），否则会失去信誉的。

4. 如果我没听（　　　）的话，您好像有不同意见。

5. 请原谅，能把刚说的内容再讲（　　　）吗？

四、整理句子：

Rearrange the given words into a sentence:

1. 商检局、邀请、鉴定、派、我方、已、人、来

2. 对方、鉴定、标准、希望、生产国、进行、按、的

3. 出口商、可能、检验、时间、推迟、叫、的、是、不、的

4. 双方、处理、应该、认为、我、请、这、派、来、件、事、人

5. 满意、事情、对方、认为、就行了、我、让、办、得

五、用指定结构或词语改写句子：

Rewrite the following sentences with the given words or constructions:

1. 今后应该注意这方面问题，省得再发生这类事情。（……，以免……）

2. 我看，应该再请有关专家检验一下。（为……起见）

3. 哪怕你现在说得再好，也没人敢信了。（就是……也……）

4. 这箱苹果有15公斤，这不可能吧？（这怎么可能呢？）

5. 不那么简单吧？依我看，其中的原因很复杂。（能那么简单吗？）

六、思考题：

Questions for thinking:

1. 在买卖合同中，关于检验时间和地点，通常有哪几种？

2. 你知道哪几种商检证书？

第十九单元　好事还得多磨

关键词语：合同法　标的　文本　起草　免除
　　　　　确认书　草案　正本　履行　解除

庆幸的表达方式

1. 想不到贵方的工作效率竟然这么高。

2. 太好了，贵方的想法居然和我们一样。

3. 这恰好是我要谈的问题。

4. 太巧了，我方也是这个意思。

5. 多亏您的提醒，要不我们也不能发展这么快。

6. 但值得高兴的是，……

7. 贵公司的运气不错嘛。

8. 幸亏您提出来，不然我们是不会注意到的。

9. 要不是杨小姐帮忙，可能还买不到呢。

10. 巧极了，我们到那家商场时，正赶上一场购物拍卖会。

会　话　1

（在华明进出口公司的会客室内）

吕军：南希小姐，根据上午的谈判记录，我方起草了一份合同初稿。

南希：（接过来）嗬，想不到贵方的工作效率竟然这么高。

吕军：过奖了。请您看一下，有什么需要修改或补充的，请提出来。

南希：好的。请稍等。（边看边说）您看，合同标的的品名应该是"电子手表"吧？

吕军：啊，对不起，差点儿错了。手表的种类和档次不同，进口关税也有所区别。

南希：正是这样。再有，品质条款中的"凭样品买卖"，我认为，这类词语不太清楚，很容易产生误解，我建议改为"品质凭卖方样品买卖"。

吕军：太好了，贵方的想法居然和我们一样。还有一点需要说明，因为上午没有谈到仲裁条款，所以初稿中没有这方面的内容。

南希：啊，没关系。这恰好是我要谈的问题。合同正本采用中英两种文本打印，是吧？

吕军：是的。两种文本双方各保留一份正本，可以吧？

南希：但两种文本使用的词语有不同的地方，有时双方会因理解不同而发生争议，所以应在合同中增加仲裁条款。

吕军：太巧了，我方也是这个意思。仲裁的地点在中国，贵方不反对吧？

南希：我同意。那仲裁机构是中国国际经济贸易仲裁委员会，对吧？

吕军：是的。还应在合同中写明，"仲裁费用由败诉方承担"。

南希：是这样。仲裁裁决是最后的判决，对双方当事人都有约束力，任何一方当事人都不得向法院起诉。

吕军：不错。以上所说的内容都要写在合同中。

南希：那好。我们谈其他问题吧。

生　词　New Words

1. 好事多磨　　　　　　hǎoshì duōmó　　The realization of good things is usually preceded by rough goings.

2. 记录　　　（名/动）　jìlù　　　　　minutes; notes; to record

3. 初稿　　　（名）　　chūgǎo　　　　first draft

4. 嗬　　　　（叹）　　hē　　　　　　*used to show surprise*

5. 竟然　　　（副）　　jìngrán　　　　unexpectedly; to one's surprise

6. 修改　　　（动/名）　xiūgǎi　　　　to revise, to modify; modification

7. 标的　　　（名）　　biāodì　　　　goods in a dealing or contract

8. 品名　　　（名）　　pǐnmíng　　　name of product

92

9. 电子手表	（名）	diànzǐ shǒubiǎo	quartz watch
10. 区别	（动/名）	qūbié	to differ; difference
11. 词语	（名）	cíyǔ	word and expression
12. 误解	（动）	wùjiě	to misunderstand; to mistaken
13. 居然	（副）	jūrán	unexpectedly; to one's surprise
14. 仲裁	（名/动）	zhòngcái	arbitration; to arbitrate
15. 恰好	（副）	qiàhǎo	exactly; just right
16. 正本	（名）	zhèngběn	original; original copy
17. 文本	（名）	wénběn	text; version
18. 难免	（形）	nánmiǎn	hard to avoid
19. 委员会	（名）	wěiyuánhuì	committee; commission
20. 败诉	（动）	bàisù	to lose a lawsuit
21. 裁决	（动）	cáijué	to rule; to arbitrate; ruling
22. 判决	（动）	pànjué	to judge; verdict
23. 当事人	（名）	dāngshìrén	party (to a lawsuit); person or party concerned
24. 约束	（动）	yuēshù	to bind; to restrain
25. 约束力	（名）	yuēshùlì	binding force
26. 力	（名）	lì	power
27. 法院	（名）	fǎyuàn	court
28. 起诉	（动）	qǐsù	to bring a suit against sb.

专 名 Proper Nouns

1. 华明进出口公司	Huámíng Jìnchūkǒu Gōngsī	Huaming Import and Export Corporation
2. 南希	Nánxī	Nancy
3. 吕军	Lǚ Jūn	name of a person
4. 中国国际经济贸易仲裁委员会	Zhōngguó Guójì Jīngjì Màoyì Zhòngcái Wěiyuánhuì	China International Economic and Trade Arbitration Commission

注　释　Notes

1. 嗬

叹词。表示惊讶。如：

This interjection is used to show surprise.

(1) 嗬，汉字写得不错嘛！

(2) 嗬，怎么都走啦？

2. 竟然

副词。表示没想到；竟。意外的原因多在上下文中说明，或在本句中已经说明。如：

The adverb 竟然 indicates surprise or unexpectedness. The reason is usually mentioned in the context or in the same sentence. We can also say 竟 instead.

(1) 怎么可能？对方的报价竟然比去年高出 50%。

(2) A：我们与 M 公司的代表谈了三天也没有结果。

　　B：竟然会这样。真没想到。

3. 动词 + 出来

趋向补语的引申用法。表示动作使事物从无到有或由隐蔽到显露。如：

This extended usage of directional complement indicates that something is produced or has come into being through an action or something hidden has come to light.

(1) 贵方有什么修改或补充意见，请提出来。

(2) A：喂，你要找谁？

　　B：啊，听出来了，您是张先生。

4. 为

动词。表示"成为"或"变成"的意思。用在动词后边，作为结果补语。如：

为 here is a verb used after another verb to function as the complement of result. It means "become" or "change into."

(1) 赵先生，我希望把交货时间改为 3 月中旬。

(2) 这个地区已经被划为旅游区了。

5. 居然

副词。表示出乎意料；竟然。常指发生了不应该或不可能发生的事情或发生了不容易发生的事情。如：

The adverb 居然 indicates that something difficult or impossible to happen or that should not happen happened out of expectation. It can be replaced by 竟然.

(1) 事情才过去几天，他竟然忘了。

(2) 3 月份发出的那批货，对方居然拒绝付款。

(3) 没想到，这笔生意竟然谈成了。

6. 难免

形容词。表示不容易避免，或很可能出现某种情况。如：

难免 is an adjective meaning "hard to avoid."

(1) 谈判中，双方的分歧是难免的。

(2) 要想开发出一种新产品，困难是难免的。

(3) 因为没经验，难免会出现这样或那样的问题。

7. 太巧了

习用语。表示"正好"或"恰好"的意思；纯属一种巧合。如：

This idiomatic expression means "coincidental" or "opportune."

(1) 太巧了，我正想找你，你就来了。

(2) 太巧了，咱们俩想到一起去了。

练 习 Exercises

一、根据《会话 1》的内容，回答下列问题：

Answer the following questions according to Dialogue 1:

1. 为什么合同标的的品名不能写成"手表"呢？

2. 为什么要把"凭样品买卖"改为"品质凭卖方样品买卖"呢？

3. 南希小姐为什么希望在合同中增加仲裁条款？

4. 南希小姐提出了什么修改或补充意见呢？

5. 就仲裁条款来说，双方洽谈了哪些内容？

二、选择下列词语填空：

Fill in the blanks with appropriate words given below：

太巧了、难免、竟然、居然、嘛

1. 对方一贯很挑剔，这次（　　　　　）没有提出反对意见。

2. 时间紧迫，（　　　　　）会出现一点小问题。

3. 真能干，（　　　　　）用两天时间干完了一周的工作。

4. （　　　　　），销售包装设计得不错嘛！

5. （　　　　　），我也打算到东南亚几个国家考察。

三、填写适当的词语：

Fill in the blanks with appropriate words：

1. 起草＿＿＿＿　2. 工作＿＿＿＿　3. 产生＿＿＿＿

4. 保留＿＿＿＿　5. 承担＿＿＿＿　6. 发生＿＿＿＿

会 话 2

（在向阳有限公司的会议室内）

富尔曼：钟先生，贵方在互联网上已建立网站了吧？

钟庆春：是的。多亏您的提醒，要不我们也不能发展这么快。

富尔曼：哪里，哪里。其实，对我们来说，电子商务也是一种新事物。

钟庆春：太客气了。对这种经营方式，我们还有一些问题没有解决。

富尔曼：都是这样。但值得高兴的是，网上广告、网上求职、海外求购等信息，已经使不少企业受益了。

钟庆春：那倒是，今后电子商务的主体，应该是企业对企业的商务活动。

富尔曼：是这样。今年我们的交易量比去年增加了10％左右。

钟庆春：哦，贵公司的运气不错嘛。

富尔曼：现在还不好说。不过希望今后我们之间也能在网上交易。

钟庆春：是的，我想不会等很久的。现在咱们还是谈谈合同草案吧。

富尔曼：好的。贵方有什么修改和补充意见吗？

钟庆春：对不可抗力事件的范围，我们双方的理解好像有所不同。

富尔曼：请具体说一下。

钟庆春：好的。合同中——列举了可能发生的不可抗力事件，如战争、罢工、地震、洪水、台风什么的。

富尔曼：是的。根据我国法律规定，以上这类事件都属于人力所不能抗拒的。

钟庆春：是的。但我国合同法中明确规定，不可抗力主要是指因自然灾害造成的，如地震、洪水、台风，等等。由社会原因所引起的意外事故，是不包括在内的。如战争、罢工什么的。

富尔曼：哦，是这样。幸亏您提出来，不然我们是不会注意到的。

钟庆春：如果是这样，我方希望就这个问题再商量一下。

富尔曼：好的。还有其他问题吗？

钟庆春：在这一条款中，还应再补充一句，"如果由于合同当事人自己的过失致使合同因不可抗力而不能履行，当事人就不能被免除责任。"

富尔曼：对不起，我不太明白，能举例说明一下吗？

钟庆春：可以。如果合同当事人延期交货后遇到不可抗力事件，我国合同法中规定，不能免除当事人的责任。

富尔曼：啊，是这样。我同意。

生　词　New Words

1. 互联网		hùliánwǎng	Internet
2. 网站		wǎngzhàn	website
3. 多亏	（动/副）	duōkuī	thanks to
4. 要不	（连）	yàobù	otherwise
5. 电子商务		diànzǐ shāngwù	e-commerce
6. 事物	（名）	shìwù	thing
7. 值得	（动）	zhídé	to deserve; worthy of
8. 海外	（名）	hǎiwài	overseas
9. 求	（动）	qiú	to seek; to look for
10. 购	（动）	gòu	to buy
11. 受益		shòuyì	to benefit from
12. 主体	（名）	zhǔtǐ	main part
13. 商务	（名）	shāngwù	commercial affairs
14. 网上		wǎng shang	online
15. 交易	（名/动）	jiāoyì	trade; transaction; to transact
16. 运气	（名）	yùnqi	luck
17. 今后	（名）	jīnhòu	in future
18. 草案	（名）	cǎo'àn	draft
19. 不可抗力		bùkěkànglì	force majeure

20. 一一	（副）	yīyī	one by one
21. 列举	（动）	lièjǔ	list
22. 战争	（名）	zhànzhēng	war
23. 罢工	（离）	bà gōng	strike; to go on strike
24. 地震	（名）	dìzhèn	earthquake
25. 洪水	（名）	hóngshuǐ	flood
26. 属于	（动）	shǔyú	be part of; to fall into the category of
27. 人力	（名）	rénlì	human's power; human's ability
28. 抗拒	（动）	kàngjù	to resist
29. 合同法	（名）	hétongfǎ	law of contract
30. 明确	（形/动）	míngquè	clear; to clarify
31. 自然灾害		zìrán zāihài	natural disaster
32. 社会	（名）	shèhuì	society
33. 引起	（动）	yǐnqǐ	to cause; to lead to
34. 意外事故		yìwài shìgù	accident
35. 幸亏	（副）	xìngkuī	fortunately
36. 不然	（连）	bùrán	otherwise
37. 就	（介）	jiù	with regard to
38. 过失	（名）	guòshī	wrong; default
39. 致使	（动）	zhìshǐ	to cause; to lead to
40. 履行	（动）	lǚxíng	to perform; to fulfill
41. 免除	（动）	miǎnchú	to exempt
42. 举例	（离）	jǔ lì	to give examples

专 名 Proper Nouns

1. 向阳有限公司	Xiàngyáng Yǒuxiàn Gōngsī	Xiangyang Co., Ltd.
2. 钟庆春	Zhōng Qìngchūn	name of a person
3. 富尔曼	Fù'ěrmàn	name of a person

注　释　Notes

1. 多亏

动词。表示"由于别人的帮助，避免了不如意的事情"。含有"感谢"或"庆幸"的意思。没有否定式。可带"了"。必带宾语。如：

The verb 多亏, sometimes with 了 after it, means "thanks to." It has no negative form and must take an object.

(1) 这次多亏了你，否则我们连票也买不上。

(2) 多亏你的帮助，否则真不知道怎么办才好。

副词。表示"由于某种有利因素而得到了好处"。一般用在主语前。与"幸亏"、"幸好"相同。如：

多亏 is also an adverb meaning "fortunately." Like 幸亏 or 幸好, it is often used before the subject.

(1) 没想到明天就出发，多亏我们早有准备。

(2) 多亏走这条路，否则就赶不上飞机了。

(3) 多亏我们事先有所准备，要不就难以适应市场的变化。

2. 值得

动词。表示这样去做有好的结果；有价值，有意义；合算；价钱相当。否定式是"不值得"或"值不得"。如：

值得 is a verb meaning "worth" or "deserve." The negative form is 不值得 or 值不得.

(1) 这个展销会办得不错，值得一看。

(2) 据我朋友说，这种产品质量不错，值得买。

(3) 为这种事生气，不值得。

3. 属于

动词。表示"归某一方面或某方所有"。如：

属于 is a verb meaning "fall into a category of," "belong to" or "be part of."

(1) 地震、台风等，属于人力所不可抗拒的自然灾害。

(2) 对不起，货物变质是船方的过失造成的，不属于我方责任。

(3) 他辞职了，现已不属于公司的人啦。

4. 幸亏……，不然……

假设复句。表示由于某种有利条件而避免了不良的后果。后一分句中常有"不然、否则、要不"等词相呼应。如：

幸亏 is often used in complex sentences of supposition with 不然，否则 or 要不 in the second clause to indicate that an undesirable result does not take place due to some favorable condition.

(1) 幸亏你提醒我，不然我就忘了。

(2) 幸亏又看了一遍，否则就会有麻烦了。

(3) 幸亏有你帮助，要不我真不知道该怎么办呢。

5. 就

介词。表示介绍行为的对象或范围。有时与"来说"连用，构成固定格式，表示限制论说范围。如：

The preposition 就 introduces the object or scope of an action. It means "with regard to," "on," etc. It may be used with 来说 to restrict the scope of the topic.

(1) 就合同草案中的问题，双方交换了意见。

(2) 就这个问题，我谈点儿个人看法。

(3) 就质量来说，相当不错；就包装来说，实在太差。

练 习 Exercises

一、根据《会话 2》的内容，回答下列问题：

Answer the following questions according to Dialogue 2：

1. 就什么问题，双方进行了讨论？

2. 有些企业因什么而受益？

3. 对不可抗力事件的范围，外商是怎么理解的？

5. 在什么情况下，合同当事人不能被免除责任？

二、选择下列词语填空：

Fill in the blanks with appropriate words given below：

其实、多亏、值得、属于、就

1. (   ) 您的提醒，要不我就忘了。

2. (   ) 支付条款，我提点补充意见。

3. 对不起，(   ) 这事我也不太清楚。

4. 黄先生已经调走了，不 (   ) 这儿的人了。

5. 听说这是一种畅销书，(   ) 一看。

100

三、填写适当的词语：

Fill in the blanks with appropriate words:

1. 经营_____　　2. 履行_____　　3. 免除_____

4. 举例_____　　5. 延期_____　　6. 引起_____

会 话 3

（在双海有限公司的经理办公室）

唐永胜：怎么样，没白跑一趟吧，罗尔先生？

罗　尔：没有。要不是杨小姐帮忙，可能还买不到呢。

唐永胜：咦，什么东西，这么抢手？

罗　尔：那倒不是。巧极了，我们到那家商场时，正赶上一场购物拍卖会。

唐永胜：商场举办拍卖会？有意思，的确很新鲜。

罗　尔：可不。打破常规，给人耳目一新的感觉，这就是商家的新点子。

唐永胜：那是。出奇制胜，往往会有意想不到的效果。好了，不说它了，还是谈谈我们关心的事吧。

罗　尔：好的。对修改过的售货确认书，贵方审核过了吗？

唐永胜：是的。经再三研究，我方认为个别地方还要再修改一下。

罗　尔：哪个部分呢？

唐永胜：分期付款和分批发货这两个部分的内容。

罗　尔：太巧了，对这部分内容我们也有点儿想法。请您先讲。

唐永胜：谢谢。请看这段话："乙方（购买方）没有支付到期货款时，甲方（销售方）有权请求对方支付到期以及未到期的全部货款或解除合同。"

罗　尔：噢，这里。那应该怎么修改呢？

唐永胜：这段话应改为："只有在乙方没有支付到期货款的金额达到全部货款的四分之一时，甲方才有权请求……"后边内容是一样的。

罗　尔：好的，让我再考虑一下。我认为第四段的第三行，应该增加点儿内容。

唐永胜：是这句话吧，"分批交付的货物，其中有一批不符合合同规定，乙方有权解除合同。"

罗　尔：是的。这句话的后一分句，应改成："乙方有权就该批货物部分解除合同。"

唐永胜：可以。如果以上两点双方都同意修改的话，明天上午就可以签合

101

同啦。

罗　尔：对不起，请允许我再考虑一下。可以吗？

唐永胜：可以。好事还得多磨嘛。

罗　尔：谢谢。

生　词　New Words

1. 白	（副）	bái	in vain
2. 要不是	（连）	yàobúshì	if it were not for; but for
3. 帮忙	（离）	bāng máng	to help
4. 赶	（动）	gǎn	to happen to
5. 拍卖会	（名）	pāimàihuì	auction
6. 举办	（动）	jǔbàn	to hold (meeting, banquet, etc.)
7. 打破	（动）	dǎpò	to break
8. 常规	（名）	chángguī	convention; common practice
9. 耳目一新	（成）	ěr mù yì xīn	to find everything fresh and new
10. 感觉	（动/名）	gǎnjué	to feel; feeling
11. 点子	（名）	diǎnzi	idea
12. 出奇制胜		chū qí zhì shèng	to defeat one's opponent by a surprise move
13. 意想	（动）	yìxiǎng	to imagine; to expect
14. 售货确认书		shòuhuò quèrènshū	sales confirmation
15. 审核	（动）	shěnhé	to examine and verify
16. 经	（动）	jīng	through; after
17. 再三	（副）	zàisān	again and again
18. 个别	（形）	gèbié	very few; one or two
19. 甲方	（名）	jiǎfāng	Party A
20. 乙方	（名）	yǐfāng	Party B
21. 权	（名）	quán	right
22. 未	（副）	wèi	have not; did not; not yet
23. 全部	（名）	quánbù	all
24. 解除	（动）	jiěchú	to cancel; to terminate

102

25. 达到	（离）	dá dào	to reach
26. 行	（量）	háng	line
27. 符合	（动）	fúhé	to accord with
28. 分句	（名）	fēnjù	clause

专 名 Proper Nouns

1. 双海有限公司	Shuānghǎi Yǒuxiàn Gōngsī	Shuanghai Co. , Ltd.
2. 罗尔	Luó'ěr	Rolle
3. 唐永胜	Táng Yǒngshèng	name of a person

注 释 Notes

1. 白

副词。表示"不付出代价而有所得"；或表示"付出代价而无收获"。如：

The adverb 白 means "free of charge" or "at no cost." It can also mean "in vain" or "fruitless."

(1) 白送给他，哪有这么好的事？

(2) 这种东西白送给我也不要。

(3) 如果你不愿意，就算我白说。

2. 要不是……，就……

假设复句。在后一分句中，与"就""还""也""才"等副词呼应。如：

In complex sentences of supposition, 要不是 with an adverb such as 就，还，也 or 才 in the second clause means "if it were not for..." or "if... had not...."

(1) 要不是他提醒我，今天就去晚了。

(2) 要不是他告诉我，这事我还不知道呢。

(3) 要不是陪他，我自己也不会去商店。

(4) 要不是他问到这件事，我才不会主动提出来呢。

3. 咦

叹词。表示惊异。如：

The interjection 咦 is used to show surprise.

(1) 咦，你什么时候来的？

(2) 咦，这是怎么回事？

4. 耳目一新

成语。比喻听到的看到的都变了样子，感到很新鲜。如：

The idiom 耳目一新 means "find everything fresh and new."

(1) 以拍卖的方式来销售商品，使人感到耳目一新。

(2) 色调搭配得很好，给人以耳目一新的感觉。

5. 点子

名词。表示"办法"或"主意"；"关键的地方"。如：

The noun 点子 means "idea" or "the (key) point."

(1) 我想到一个点子，不知你们同意不？

(2) 这个点子不错，我同意。

(3) 这回说到点子上了。

6. 出奇制胜

成语。比喻用对方意想不到的方法来取胜。如：

The idiom 出奇制胜 means "defeat one's opponent by a surprise move."

(1) A：小赵，你这个点子真有效啊。

　　B：这叫做出奇制胜，当然有效啦。

(2) 出奇制胜，是市场竞争的有效方法。

7. 再三

副词。表示"一次又一次"。如：

The adverb 再三 means "again and again."

(1) 这一决定，是经过再三考虑后才做出的。

(2) 我再三挽留，可他还是走了。

8. 好事多磨

成语。意思是说"好事情在实现、成功之前，常常会经过许多波折"。如：

The idiom 好事多磨 means "the realization of a good thing is often preceded by rough goings."

(1) A：这事怎么这么难办呢？

　　B：别着急，好事多磨嘛。

(2) A：我建议双方再审核一下合同。

　　B：我同意，好事多磨，以免发生其他问题。

练 习 Exercises

一、根据《会话3》的内容，回答下列问题：

Answer the following questions according to Dialogue 3:

1. 罗尔先生对什么感到很新奇？

2. 售货确认书是由哪方来起草的？谁是甲方？

3. 唐永胜提出了什么修改意见？

4. 罗尔提出了什么修改意见？

5. 双方签合同了吗？为什么？

二、选择下列词语填空：

Fill in the blanks with appropriate words given below:

要不是、太巧了、再三、白、唉

1. （　　　）干可不行，我是有条件的。

2. （　　　），罗尔先生为什么不同意马上签字呢？

3. （　　　），我也想到东南亚考察一次。

4. （　　　）您告诉我，我怎么会知道呢？

5. 我（　　　）向他解释，他也不相信。

三、填写适当的词语：

Fill in the blanks with appropriate words:

1. 举办＿＿＿　　2. 支付＿＿＿　　3. 解除＿＿＿

4. 交付＿＿＿　　5. 符合＿＿＿　　6. 打破＿＿＿

```
综合练习   Comprehensive Exercises
```

一、选择画线字的正确读音：

Choose the right phonetic transcription of the underlined part:

1. 效率（lǜ/lǐ）　　　2. 履行（lǚ/lǐ）　　　3. 运气（qì/qù）

4. 仲裁（chái/cái）　5. 档次（dǎng/dàng）　6. 事故（gù/gu）

7. 起诉（sù/shù）　　8. 任何（rèn/yìn）　　9. 值得（zhí/zí）

二、填写适当的量词：

Fill in the blanks with appropriate measure words:

份、趟、段、场、行、块

1. 对不起，您念的是第几（　　）?
2. 这（　　）没有白去，收获很大。
3. 请问，贵方需要几（　　）合同副本?
4. 请看，这（　　）手表是样品。
5. 这（　　）拍卖会是谁举办的?

三、填写适当的补语：

Fill in the blanks with appropriate complements:

出来、上、明、极、为

1. 这个办法好（　　）了。
2. 我希望交货时间改（　　）2月中旬。
3. 以上内容应在合同中写（　　）。
4. 我看（　　）了，您不太愿意，是吧?
5. 请把门关（　　）。

四、整理句子：

Rearrange the given words into a sentence:

1. 这样、认为、巧、是、也、太、了、我
2. 不错、运气、我们、的、真、还
3. 同意、居然、真、了、没、他、到、想
4. 那儿、我、巧、看看、也、去、想、了、极
5. 恰好、时候、我、他、走、了、回、的、来

五、用指定结构或词语改写句子：

Rewrite the following sentences with the given words or constructions:

1. 真没想到，20年后我们居然又见面了。(竟然)
2. 让人高兴的是，我们又谈成了一笔买卖。(值得)
3. 如果他不帮忙，这事就办不成了。(要不是……，……就……)
4. 如果不是钱先生，我们还不认识呢。(多亏)
5. 要是贵方不提出来，我们是不会发现这个问题的。(幸亏……，不然……)

106

六、思考题：

Questions for thinking：

1. 书面形式的合同有哪些种类？

2. 合同的主要内容有哪些呢？

第二十单元　责任在谁

关键词语：索赔　理赔　证明　责任　依据
　　　　　提出　接受　调查　承担　品质

不肯定的表达方式

1. 恐怕只有一两天的时间。

2. 看来时间不多嘛。

3. 我想可能您清楚，……

4. 如果责任在我方，这个问题也许就好解决。

5. 过两天我们还会在北京见面的。

6. 在这个问题上，双方大概有些误会。

7. 也许是吧，但也说不准。

8. 那我们过几天就可以签字了。

9. 保险公司正在调查，责任在谁现在还说不定。

10. 这两天不会有什么结果。我希望最好再推迟几天签字。

会　话　1

（在花园宾馆的会客室内）

李杰：卡尔先生，休息得好吧？

108

卡尔：不错，谢谢您的安排。

李杰：不客气。您打算在北京停留几天，卡尔先生？

卡尔：恐怕只有一两天的时间。后天准备去上海谈笔生意。

李杰：看来时间不多嘛。我们先交换一下意见，然后再确定会见的时间，您看呢？

卡尔：可以，就这样办吧。

李杰：那好。我想，可能您清楚贵公司向我方提出索赔的原因，能不能具体说一下？

卡尔：可以。问题很简单。请看，这是提单复印件（递过去）。当我方收到货物时，已超过合同规定的交货期限。

李杰：哦，这个问题已经调查清楚了。这是天津港务局开出的证明文件。

卡尔：(接过) 哦，没有按期派船接货？

李杰：是的。由于这个原因，所以推迟了装船日期。

卡尔：请看，这是租船单据复印件，不会无船接货的。

李杰：很遗憾，我们也没有想到。对了，还有一个问题需要商量。

卡尔：请讲。

李杰：因为推迟了装船时间，占用港口货场的费用需要补偿。

卡尔：请放心，如果责任在我方，这个问题就很好解决。但货轮晚到，恐怕有其他原因。

李杰：有可能。我建议最好推迟会见的时间。

卡尔：可以。我马上向公司汇报一下。

李杰：那其他问题明天再商量。

卡尔：好的。调查一有结果，马上就通知贵方。

李杰：谢谢您的合作。

生　词　New Words

1. 只　　　　（副）　　zhǐ　　　　　only
2. 交换　　　（动）　　jiāohuàn　　to exchange
3. 复印件　　（名）　　fùyìnjiàn　　copy; duplicate copy
4. 港务局　　（名）　　gǎngwùjú　　port office; habor bureau
5. 推迟　　　（动）　　tuīchí　　　to postpone; to defer
6. 占用　　　（动）　　zhànyòng　　to occupy
7. 汇报　　　（动/名）　huìbào　　　to report; report

专　名　Proper Nouns

1. 花园宾馆　　Huāyuán Bīnguǎn　　Huayuan Hotel
2. 李杰　　　　Lǐ Jié　　　　　　name of a person

注　释　Notes

1. 停留几天

时量补语。表示"有关的动作、经历、状态持续的时间"。如：

几天 here functions as the complement of cluration which indicates the time that an action, an experience or a state lasts.

(1) 您打算在北京停留几天？

(2) 对不起，请您稍等一会儿。

(3) 他走了三天了。

(4) 我在上海住过一个月。

2. 恐怕

副词。表示"对事情的估计"或"担心"。后面可跟肯定或否定形式。如：

The adverb 恐怕 indicates a conjecture or worry. It can be followed by either the affirmative or the negative form.

(1) 他恐怕还不知道这件事。

(2) 现在去恐怕晚了一些。

3. ……（首）先……，然后……

承接复句。表示"根据所发生的动作"或"事情的先后次序来叙述"。前后两个分句不能颠倒。如：

This pattern is used in complex sentences of successive actions. The clause order, which is not reversible, is dependent on the sequence of the actions.

(1) 我们先交换一下意见，然后再确定会见的时间。

(2) 首先讨论一下，然后再做决定。

(3) 这次我们先到上海参观，然后再去广州谈生意。

4. 动词＋出

简单趋向补语的引申用法。表示由隐蔽到显露，或从无到有。如：

Verb + 出 here is the extended usage of simple directional complement. It indicates that something is produced or has come into being through an action or something hidden has come to light.

(1) 贵方向船方提出要求，原因是什么呢？

(2) 这是天津港务局开出的证明文件。

(3) 在这方面，我们已作出最大的努力。

(4) 他终于说出了心里话。

5. 由于……，所以……

因果复句。表示"原因"或"理由"。相当于"因为……所以……"。如：

This pattern, similar to 因为……所以……, is used in complex sentences of cause, in which 由于 introduces the cause or reason.

(1) 由于质量问题，所以买方向卖方提出索赔。

(2) 由于天气不好，推迟了开船的时间。

练 习 Exercises

一、根据《会话1》的内容，回答下列问题：

Answer the following questions according to Dialogue 1:

1. 买卖双方是以什么价格成交的？

2. 交货时间超过了合同规定的期限，责任在哪方？

3. 卡尔来中国的目的是什么？

4. 出口商为什么推迟装运日期？

5. 什么文件可以证明责任不在出口方？

二、选择下列词语填空：

Fill in the blanks with appropriate words given below:

最好、对了、恐怕、可能、看来

1. （　　　）事情比你想的要复杂一些。

2. （　　　）对方不同意这种看法。

3. （　　　），有一个问题我想请教一下。

4. 我认为对方的报价（　　　）高了一些。

5. 现在正在调查，您（　　　）推迟几天去。

三、填写适当的词语

Fill in the blanks with appropriate words:

1. _____索赔　2. 占用_____　3. 调查_____
4. _____责任　5. 交换_____　6. 推迟_____

会话 2

（在广州天河宾馆的前厅）

皮尔：哦，李小姐？

李玉：皮尔先生？你好！地球可真小，前几天我们还在巴黎呢。

皮尔：可不，中国人常说"山不转水转"嘛。

李玉：说得好。只要有缘分，就会常见面的。

皮尔：过两天，我们还会在北京见面的。

李玉：去做买卖？

皮尔：对。T公司托我办一起索赔案。

李玉：您是……

皮尔：我是T公司派的委托人。

李玉：哦，原来是这样。

皮尔：请，请那边坐吧。

（前厅的酒吧）

皮尔：李小姐，这是T公司提供的有关证明材料。

李玉：能看一下吗，皮尔先生？

皮尔：可以，请看（递过去）从T公司提供的材料来看，由于贵公司提供的单据种类不全，所以给他们造成了一定的经济损失。

李玉：（看完）皮尔先生，这样说也许早了点儿。您看，合同的影印件上，并没有证明我方应该提供产地证明书。

皮尔：那是。但在谈判记录复印件中却有这方面的内容。

李玉：是的。但T公司开来的信用证上也没有写明。

皮尔：哦。这我也注意到了。但是，他们的意思是，按惯例不需要每笔买卖都写清楚。

李玉：按惯例，我方从来都是把合同和信用证作为依据。

皮尔：李小姐，在这个问题上，双方大概有些误会。

李玉：也许是吧，但也说不准。

皮尔：这样好吗？我先向T公司转告贵方的意见，如果还有什么争论的话，我们再商量。

李玉：那就拜托了。

皮尔：不客气，北京见。

生 词　New Words

1.地球	（名）	dìqiú	the earth
2.只要	（连）	zhǐyào	so long as
3.缘分	（名）	yuánfèn	lot or luck by which people are brought together
4.起	（量）	qǐ	*a measure word for cases, instances, etc.*
5.案	（名）	àn	case; law case
6.委托人	（名）	wěituōrén	mandator; consignor
7.产地证明书		chǎndì zhèngmíngshū	certificate of origin
8.影印件	（名）	yǐngyìnjiàn	photocopy
9.从来	（副）	cónglái	always
10.争论	（动/名）	zhēnglùn	to dispute; dispute

专 名　Proper Nouns

1.天河宾馆	Tiānhé Bīnguǎn	Tianhe Hotel
2.巴黎	Bālí	Paris
3.李玉	Lǐ Yù	name of a person
4.皮尔	Pí'ěr	Pierre
5.T公司	T Gōngsī	name of a company

注 释　Notes

1.山不转水转

俗语。表示事物一定会发生变化，在本课的意思是总有见面的机会。如：

This common saying means "there is always a chance of meeting" or "changes will take place."

(1) A：这次分手还不知什么时候才能见面呢。

B：俗话说"山不转水转"，总有见面的机会嘛。

(2) 山不转水转，看来我的运气来了。

2. 过两天

习用语。时段的一种表达方法，表示不确定的时间，近期就会发生，有时也说"过几天"。如：

This idiomatic expression indicates an indefinite period of time in the near future. It can also be said as 过几天.

(1) 请放心，这个问题过两天就会解决。

(2) 目前正在调查，过两天就有结果了。

3. 从……来看

固定格式。表示"根据"或"凭借"。常用在主语前。如：

This construction, usually preceding the subject, means "according to" or "on the basis of."

(1) 从资料上来看，还说明不了这个问题。

(2) 从包装上来看，还是符合合同要求的。

4. 说不准

习用语。表示不很肯定。常用在对话中。如：

This idiom, often used in conversation, expresses conjecture or uncertainty.

(1) A：张经理哪天回来？

B：现在还说不准，也许后天吧。

(2) A：张先生，都有哪些人出席这次会议？

B：对不起，现在还说不准。

练 习 Exercises

一、根据《对话 2》的内容，回答下列问题：

Answer the following questions according to Dialogue 2:

1. T 公司为什么向中方提出索赔？

2. 中方为什么不接受对方提出的索赔要求？

3. 李玉去天河宾馆做什么？

4. 皮尔来中国要办一起什么案子？

5. 在见到皮尔之前，李玉知道他是 T 公司的委托人吗？

二、选择下列词语填空：

Fill in the blanks with appropriate words given below：

过两天、说不准、可不、大概、拜托

1. 他（　　　）三天前就出发了。

2. （　　　），我们已经与保险公司联系了。

3. 这几份材料，（　　　）您交给王先生。

4. 我听朋友说，李小姐（　　　）去北京。

5. 明天能不能签订合同，现在还（　　　）。

三、填写适当的词语

Fill in the blanks with appropriate words：

1. 作为＿＿＿＿　　2. 证明＿＿＿＿　　3. ＿＿＿＿缘分

4. 提供＿＿＿＿　　5. 争论＿＿＿＿　　6. ＿＿＿＿误会

会 话 3

（在大华公司的谈判室内）

于强：乔治先生，除了刚谈的以外，对合同草案还有什么意见吗？

乔治：没有。谢谢您的合作。

于强：不客气。那我们过几天就可以签字了。

乔治：是的。不过，解决了遗留问题后，我们再签字也不晚。

于强：您的意思是……

乔治：俗话说，"吃一堑，长一智"，我担心还会发生这类事情。

于强：可以理解。不过我们也不能"一朝被蛇咬，十年怕草绳"啊。

乔治：那倒不是。但小心点儿，还是有好处的。

于强：那倒是。可上批货物我们已经提交了品质证明书，责任不在我方。

乔治：这我相信。但十分之一的茶叶已经串味，也是有鉴定证明的。

于强：请放心。如果责任在我方，我们一定会接受理赔的。但保险公司正在调查，责任在谁，现在还说不定。

乔治：有什么新情况吗？

于强：从船方提供的资料看，可能是货物堆放的位置不好，这是造成茶叶串味的主要原因。

乔治：您的意思是说，应该由船方承担责任啦？

于强：现在还说不准。

115

乔治：为什么？

于强：因为那批货物加保了串味险，可保险公司的人说，如果是船方过失造成的损失，他们拒绝赔偿。

乔治：看样子，这两天不会有什么结果的。我希望最好再推迟几天签字。

于强：也好，那就过几天吧。

乔治：拜托您了。一有结果我就飞回来。

于强：好的。

生　词　New Words

1. 遗留	（动）	yíliú	to leave over
2. 理解	（动）	lǐjiě	to understand
3. 小心	（动/形）	xiǎoxīn	to take care; careful
4. 好处	（名）	hǎochu	advantage
5. 串	（动）	chuàn	to get things mixed up
6. 接受	（动）	jiēshòu	to accept
7. 理赔	（名）	lǐpéi	settlement of claims
8. 资料	（名）	zīliào	materials
9. 堆放	（动）	duīfàng	to pile
10. 拒绝	（动）	jùjué	to refuse

专　名　Proper Nouns

1. 大华公司	Dàhuá Gōngsī	name of a company
2. 于强	Yú Qiáng	name of a person

注　释　Notes

1. ……再……也……

紧缩句。含有"无论……，一定要……"的意思。如：

This construction means "no matter how..., something must be done or happen."

(1) 情况再复杂也要调查清楚。

(2) 时间再紧也要去见他。

116

2. 吃一堑，长一智

成语。比喻受到一次挫折，长一点儿见识。多用于劝说或提醒他人。如：

This idiom, mostly used to soothe or warn others, means "A fall into the pit, a gain in your wit."

(1) 下一次可别这样做了，吃一堑，长一智嘛。

(2) 俗话说"吃一堑，长一智"嘛，以后多加小心吧。

3. 一朝被蛇咬，十年怕草绳

俗语。比喻受到挫折和失败后，过分担心或害怕。如：

This common saying means "Once bitten, twice shy."

(1) 也太小心了，不要"一朝被蛇咬，十年怕草绳"嘛。

(2) 怕什么？不必"一朝被蛇咬，十年怕草绳"。

4. 说不定

习用语。表示对事物的判断和估计，不很肯定。如：

This idiom shows the speaker's conjecture or judgement.

(1) 这两天我也没见到他，说不定走了。

(2) 让我看，说不定三五天就能检验完。

5. 看样子

插入语。表示对事情的推测或估计。也说"看来"或"看起来"。如：

看样子 is a parenthesis expressing the speaker's conjecture. Other expressions to the same effect are 看来 and 看起来.

(1) 看样子，这种商品的价格还会上涨。

(2) 有几件事需要商量一下，看样子今天是走不了了。

6. 动词 + 回来

复合趋向补语。表示动作使人或事物回到"原处"。如：

回来 here is a compound directional complement. It indicates somebody or something returns to "the original place" through an action.

(1) 一有结果，我马上就飞回来。

(2) 我已经把经理接回来了。

(3) 因为公司有急事，总经理昨晚就赶回来了。

练 习　Exercises

一、根据《会话 3》的内容，回答下列问题：

Answer the following questions according to Dialogue 3:

1. 在什么条件下，乔治同意签订合同？
2. 可能是什么原因造成茶叶串味？
3. 什么资料能证明十分之一的茶叶已经串味？
4. 为什么说保险公司可能会拒绝理赔？
5. 串味险是基本险，还是一般附加险？

二、选择下列词语填空：

Fill in the blanks with appropriate words given below:

过几天、说不准、那倒是、也好、说不定

1. （　　　　），是不是名牌，价格就是不同。
2. （　　　　），这样解决我同意。
3. （　　　　），我们就去加拿大了。
4. （　　　　），他们已经离开新加坡去印度了。
5. 海关有没有什么新的规定，我还真（　　　　）。

三、填写适当的词语：

Fill in the blanks with appropriate words:

1. 拒绝_____　2. 理解_____　3. 遗留_____
4. 资料_____　5. 接受_____　6. 承担_____

综合练习　Comprehensive Exercises

一、选择画线字的正确读音：

Choose the right phonetic transcription of the underlined part:

1. 朝气（cháo/zhāo）　2. 误会（huì/hui）　3. 缘分（fèn/fen）
4. 清楚（chǔ/chu）　5. 买卖（mài/mai）　6. 位置（zhì/zhi）
7. 提供（gòng/gōng）　8. 转告（zhuǎn/zhuàn）　9. 转椅（zhuǎn/zhuàn）

118

二、填写适当的量词：

Fill in the blanks with appropriate measure words：

起 、个 、笔 、份 、批

1．张先生，我想向您请教一（　　）问题。

2．春节前，我们打算进口一（　　）水果。

3．请商检局出具一（　　）产地证明就行了。

4．这（　　）生意能否做成，还说不准。

5．这（　　）索赔案正在调查之中。

三、填写适当的补语：

Fill in the blanks with appropriate complements：

到 、出 、明 、清楚 、回来

1．我们收（　　）三份订单。

2．我们希望十月初开（　　）信用证。

3．对不起，这怪我没说（　　）。

4．这个问题已经在合同中写（　　）。

5．由于质量问题，那批货物被退（　　）了。

四、整理句子：

Rearrange the given words into a sentence：

1．可能、办、你、事、托、件、他

2．卖方、要求、提出、向、索赔

3．说不准、责任、现在、还、谁、在

4．理赔、公司、会、大概、保险、接受

5．依据、处理、品质、索赔、是、证明书、的

五、用指定结构改写句子：

Rewrite the following sentences with the given constructions：

1．因为没有证明材料，进口商不能向保险公司提出索赔要求。（由于……
所以……）

2．在保险责任范围以内，保险公司一般都接受理赔。（只要……就……）

3．这些材料，就可以证明责任在船方。（从……来看）

4．他们投保了平安险，还加保了串味险。（除了……以外）

5．我们谈完生意再去游览名胜古迹。（先……，然后……）

六、思考题：

Questions for thinking:

1. 在进出口贸易中有可能向哪几方提出索赔？

2. 向有关责任方提出索赔的理由可能有哪几种？请一一说明。

第二十一单元　东方不亮西方亮

关键词语： 代理　地区　协议　周转　佣金
包销　种类　订立　经营　限额

建议或提议的表达方式

1. 这是按订单草拟的合同，您能否马上看一下？

2. 如果没问题，我建议双方尽快签字。

3. 我方有些新的想法，是否交换一下？

4. 我们希望扩大代理销售地区，您看怎样？

5. 我们谈下一个问题，好吗？

6. 川岛先生，咱们比一下，怎么样？

7. 如果是这样，最好有份书面材料。

8. 你看这样行不行？我们在天津有两家分店，可以包销贵公司的同类产品。

9. 我有个主意，到天津后，先去参观经济开发区。

10. 要不然，到天津后我们先去吃饭，然后再去参观。

会　话　1

（在太平工艺品公司的办公室里，敲门声……）

周天民：请进。（维克多推门进来）您好！维克多先生。

维克多：您好！周先生。

周天民：请，请坐。我已在此恭候多时啦。

维克多：啊，对不起，让您久等了。真不巧，路上堵车，绕道来的。

周天民：哦，是吗？来，喝杯茶，休息一会儿。

维克多：谢谢。（喝茶）

周天民：请看，维克多先生，这是按订单草拟的合同，您能否马上看一下？

维克多：好的，我这就看。

周天民：如果没问题，我建议双方尽快签字。

维克多：（看完）可以。我马上给客户发份传真，等对方确认后，就可以签字了。

周天民：太好了。那就麻烦您啦。

维克多：应该的。周先生，我们双方订立的代理协议快要到期了，我方有些新的想法，是否交换一下？

周天民：当然可以。最好谈得具体点儿。

维克多：是这样。我们希望扩大代理销售地区，您看怎样？

周天民：这可真是不谋而合呀！我方也有此意。但我想只有达到一定标准才有可能。

维克多：达到标准？难道我们的合作不愉快吗？

周天民：维克多先生，您误解我的意思了。我是说，如果贵方推销的商品超过最低限额的三分之一，按代理协议规定，我方是会考虑这个问题的。

维克多：啊，是这样，这我就放心了。我估计，再有两个月就能达到这个目标。还有，超额代理的佣金率能否提高0.5%？

周天民：对不起，这事儿我也是爱莫能助啊。我建议，在订立新的代理协议时，再商量这个问题。

维克多：也好，反正早晚会解决的。

周天民：我们谈下一个问题，好吗？

维克多：好的。

生　词　New Words

1. 东方	（名）	dōngfāng	the east
2. 西方	（名）	xīfāng	the west
3. 此	（代）	cǐ	this; here
4. 恭候	（动）	gōnghòu	to wait respectfully

5. 多时	（名）	duōshí	long time
6. 堵车		dǔchē	traffic jam
7. 绕道	（离）	rào dào	to make a detour
8. 草拟	（动）	cǎonǐ	to draft; to draw up
9. 订立	（动）	dìnglì	to conclude; to make
10. 代理	（动/名）	dàilǐ	to act as agent; agent
11. 推销	（动）	tuīxiāo	to promote sales
12. 限额	（名）	xiàn'é	quota; norm
13. 反正	（副）	fǎnzhèng	anyway; in any case

专 名　Proper Nouns

1. 太平工艺品公司	Tàipíng Gōngyìpǐn Gōngsī		Taiping Handicraft Company
2. 维克多	Wéikèduō		Victor
3. 周天民	Zhōu Tiānmín		name of a person

注　释　Notes

1. 东方不亮西方亮

俗语。形容在某方面没有达到目的或实现某种愿望，但在其他方面却有收获。如：

This common saying means "You may fail in something but succeed in other things."

(1) A：别着急，我们再想别的办法。

　　B：可不，东方不亮西方亮嘛。

(2) A：那笔买卖谈了一个月都没有结果，没想到这笔买卖三天就谈成了。

　　B：是啊，这就叫"东方不亮西方亮"。

2. 恭候

敬辞。"等候"的意思。用于比较正式的外交和经贸活动中，表示说话人对对方的尊敬。如：

恭候, a respectful form mostly used in formal occasions, means "wait respectfully."

(1) A：韩董事长到了吗？

B：还没到。我已派人在门口恭候。

(2) 到时我一定在机场恭候您。

3．真不巧

习用语。表示未遇在某种机会上。如：

This idiom means "unfortunately" or "as luck would have it."

(1) A：黄科长在吗？

B：真不巧，他刚走。

(2) 真不巧，我到机场时票已售完。

4．只有……，才……

条件复句。表示"非此不可的条件；惟一的条件"。多跟"才"连用。如：

只有……，才…… is used in complex sentences of condition, in which 只有 shows the only possible condition.

(1) 只有按时开出信用证，才能保证 3 月上旬装运。

(2) 只有 4 月份交货，才能满足客户的要求。

5．爱莫能助

成语。表示"心里愿意帮助，但又做不到"的意思。常用于婉言谢绝对方的某种要求。如：

The idiom, often used to turn down the other party's request, means "it's beyond one's power to render help even though he is willing to."

(1) 这件事比较复杂，我也爱莫能助。

(2) A：吴先生，能不能提高 2% 的佣金率？

B：对不起，在试用代理阶段，我也爱莫能助。

练　习　Exercises

一、根据《会话 1》的内容，回答下列问题：

Answer the following questions according to Dialogue 1:

1．维克多为什么来晚了？

2．双方为什么没有马上签字？

3．在什么条件下，中方同意扩大代理地区？

4．在新的代理协议中，维克多希望修改和补充什么内容？

5. 在什么问题上，双方没有达成一致意见？

二、选择下列词语填空：

Fill in the blanks with appropriate words given below:

我建议、能否、是否、反正、您看怎样

1. （　　　）也来不及了，我们还是再等一天吧。

2. （　　　），代理协议到期后再商量此事。

3. 贵方（　　　）早点起草一份合同？

4. 明天上午，我们（　　　）先去参观一下天津新港？

5. 这个问题一会儿再谈，（　　　）？

三、填写适当的词语：

Fill in the blanks with appropriate words:

1. ＿＿＿＿＿＿传真　　2. 佣金＿＿＿＿＿＿　　3. 销售＿＿＿＿＿＿

4. ＿＿＿＿＿＿标准　　5. 推销＿＿＿＿＿＿　　6. 代理＿＿＿＿＿＿

会　话　2

（在顺天高尔夫球场）

欧阳思明：这几杆打得不错嘛。川岛先生，咱们比一下，怎么样？

川岛一郎：我打得不好，根本不是你的对手。咱们还是享受一下这儿的清新
空气吧。

欧阳思明：好主意。这儿的环境真不错，蓝天白云，清泉绿草，给人一种回
归自然的感觉。

川岛一郎：噢，真遗憾，我看你当个诗人倒不错。

欧阳思明：别开我的玩笑了。对了，川岛先生，我倒想起一件生意上的事。

川岛一郎：生意上的事就先放一放，等咱们打完了球再说，怎么样？

欧阳思明：也好，咱们接着打吧。

（两个小时后，他们向更衣室走去）

川岛一郎：欧阳先生，刚才你要说什么来着？

欧阳思明：啊，是这样。我希望改变定期结算代理佣金的办法。

川岛一郎：那逐笔结算还是年底结算？

欧阳思明：逐笔结算。这样可以加快资金周转。

川岛一郎：没问题。还有呢？

欧阳思明：我们打算扩大代理商品的种类。

川岛一郎：对不起，这我可就爱莫能助了。

欧阳思明：难道贵方不相信我们的经营能力吗？

川岛一郎：那倒不是。老实说，在北京地区我们还有其他的代理商。

欧阳思明：如果在上海地区呢？

川岛一郎：上海地区？能谈谈你方的条件吗？

欧阳思明：可以。我们打算在上海开一家分公司，独家代理贵方的系列产品。

川岛一郎：如果是这样，最好有份书面材料。再有，这种事情只有经公司的
　　　　　有关部门研究以后，我们才能具体商谈。

欧阳思明：没问题。我等您的消息。

川岛一郎：欧阳先生，我们该回去了吧？

欧阳思明：哟，5点多了。是该走啦。

生　词　New Words

1. 杆	（量）	gān	club
2. 对手	（名）	duìshǒu	rival; opponent
3. 享受	（名/动）	xiǎngshòu	enjoyment; to enjoy
4. 清新	（形）	qīngxīn	fresh
5. 清	（形）	qīng	clean
6. 泉	（名）	quán	spring
7. 回归	（动）	huíguī	to return to
8. 自然	（名）	zìrán	nature
	（形）	zìran	natural
9. 诗人	（名）	shīrén	poet
10. 更衣室	（名）	gēngyīshì	dressing room
11. 来着	（助）	láizhe	*used to indicate that sth. has just happened*
12. 逐	（副）	zhú	one by one
13. 周转	（动）	zhōuzhuǎn	turnover; to go around
14. 代理商	（名）	dàilǐshāng	agent; proxy
15. 分公司		fēngōngsī	branch of a company
16. 独家代理		dújiā dàilǐ	sole agency
17. 书面	（名）	shūmiàn	written; in written form

126

专 名　Proper Nouns

1. 顺天高尔夫球场　Shùntiān Gāo'ěrfū Qiúchǎng　name of a golf course
2. 欧阳思明　Ōuyáng Sīmíng　name of a person
3. 川岛一郎　Chuāndǎo Yīláng　name of a person

注 释　Notes

1. 吧

助词。用于祈使句，表示建议、提议或劝告等。如：

The particle 吧 is used in imperative sentences to indicate suggestion or advice.

（1）我们先谈完这个问题，再说其他的吧。

（2）这是刚草拟的合同，再仔细核对一遍吧。

2. 我看

插入语。表示说话人的看法或意见等。如：

我看 is a parenthesis meaning "in my opinion."

（1）我看这事比较麻烦。

（2）我看三个人就够了。

3. 动词＋起

趋向补语引申用法。表示动作涉及到某事物，或动作使某事物出现。如：

This extended usage of directional complement indicates that something is involved or something appears through an action.

（1）川岛先生，我倒想起一件生意上的事儿。

（2）提起这事，我倒想起一个人来。

（3）天刚黑，就点起了灯。

4. 来着

动态助词。表示不久前发生的事情。句中动词不能带"了"或"过"。如：

This aspectual particle indicates something just happened before long. The verb in the sentence cannot take 了 or 过 after it.

（1）这段时间，你都忙什么来着？

（2）前天我还去天安门来着。

127

5. 老实说

插入语。表示说话人的态度很诚恳。有时也说"说老实话"或"实话实说"等。如：

The parenthesis 老实说 means "to be frank." We can also say 说老实话 or 实话实说 instead.

(1) 老实说，在北京我们已有独家代理商了。

(2) 老实说，5%的佣金率已经不低了。

练　习　Exercises

一、根据《会话2》的内容，回答下列问题：

Answer the following questions according to Dialogue 2:

1. 谁打高尔夫球的技术更好一些？

2. 在北京地区，欧阳思明是独家代理商，还是一般代理商？

3. 在北京地区，欧阳思明为什么不能扩大代理商品的种类？

4. 欧阳思明想和川岛一郎谈什么事情？

5. 在上海担任独家代理的问题上，双方达成一致意见了吗？

二、选择下列词语填空：

Fill in the blanks with appropriate words given below:

怎么样、老实说、来着、最好、难道

1. 王先生，先看一下样品，（　　）？

2. 赵小姐，（　　）一点希望都没有吗？

3. 你们刚才说什么（　　）？

4. 我看，（　　）改变一下包装材料。

5. （　　），这个问题我也不太清楚。

三、填写适当的词语：

Fill in the blanks with appropriate words:

1. ＿＿＿＿代理　　2. 商品＿＿＿＿　　3. 加快＿＿＿＿

4. ＿＿＿＿产品　　5. 经营＿＿＿＿　　6. 书面＿＿＿＿

会 话 3

（去天津的高速公路上）

赵一平：金先生，到天津后，我们先去参观经济开发区，好吗？

金南植：可以。然后，我还要去见一个朋友。

赵一平：老朋友吗？

金南植：啊，不，是老朋友推荐的。我打算扩大销售市场的范围，找人代销本公司的产品。

赵一平：准备采用哪种贸易方式？

金南植：包销方式。

赵一平：如果是独家包销，贵公司都有什么要求呢？

金南植：无论是经营能力，还是资信状况，都要达到一定的标准。

赵一平：我想，贵公司在包销期限和数量上都有一定的要求吧？

金南植：是的。但合适的人选一时很难找到。

赵一平：金先生，您看我们公司怎么样？

金南植：有兴趣，赵先生？

赵一平：可以这么说。你看这样行不行？我们在天津有两家分店，可以包销贵公司的同类商品。

金南植：要是这样，可就帮了我的大忙了。

赵一平：您要是同意，我有个主意，到天津后，先按原计划去参观经济开发区，然后就请您到我们的分店去考察一下。

金南植：那倒可以，但我方不希望采用独家包销的方式。

赵一平：独家经销有什么不好呢？

金南植：我想您也知道，为了尽快在天津市场上打开销路，开始限制得少一点，也许更好一些。

赵一平：有道理。开始采用定销方式比较保险。那么，对今后的发展有什么设想吗？

金南植：现在还说不准。哟，快11点了嘛！

赵一平：可不。金先生，要不然，到天津后我们先吃饭，然后再去参观？

金南植：可以，先与对方联系一下吧。

赵一平：好的，我给他们打个电话。

生　词　New Words

1. 高速　　　　（形）　　gāosù　　　　　high-speed
2. 公路　　　　（名）　　gōnglù　　　　　road; highway
3. 销　　　　　（动）　　xiāo　　　　　　to sell
4. 包销　　　（名/动）　bāoxiāo　　　　exclusive sales; to have exclusive
   　　　　　　　　　　　　　　　　　　selling rights
5. 资信　　　　（名）　　zīxìn　　　　　credit; credit standing
6. 状况　　　　（名）　　zhuàngkuàng　　condition; state
7. 人选　　　　（名）　　rénxuǎn　　　　person selected; choice of persons
8. 定销　　　（动/名）　dìngxiāo　　　　to fix the quotas for marketing
9. 要不然　　　（连）　　yàoburán　　　　otherwise
10. 独家包销　　　　　　dújiā bāoxiāo　　exclusive sales
11. 哟　　　　　（叹）　　yō　　　　　　*used to show surprise*

专　名　Proper Nouns

1. 天津经济开发区　　Tiānjīn Jīngjì Kāifāqū　　Tianjin Ecomonic Develop-
   　　　　　　　　　　　　　　　　　　　　　　ment Zone
2. 赵一平　　　　　　Zhào Yīpíng　　　　　　name of a person
3. 金南植　　　　　　Jīn Nánzhí　　　　　　name of a person

注　释　Notes

1. 无论……还是……，都……

　　条件复句。表示"在不同的条件下，结果或结论都不会改变或受到影响"。但连词"无论"后面必须出现两个条件，否则就会出现错误。如：

In a complex sentence of condition, 无论……还是……，都…… indicates that the result or conclusion will remain unaffected under different circumstances. The conjunction 无论 here must be followed by two conditions.

　　（1）我认为，无论是采用代理还是包销方式，双方都必须讲信用。
　　（2）无论是交货时间还是交货地点，都需要在合同中写明。

130

2. 我想

插入语。表示"说话人对情况的推测和估计"。如：

我想 is a parenthesis expressing the speaker's conjecture or estimate.

(1) 我想，在包销期内不会有什么变化。

(2) 我想，三月份就可以发货。

3. 要不然

连词。表示"说话人要向对方提出某种新的建议"，有"或者"的意思。如：

The conjunction 要不然 indicates the speaker will make another suggestion to the other party. It means "or."

(1) 要不然，我们先去打球，回头再谈。

(2) 要不然，考察开发区后再参观。

4. 哟

叹词。表示"轻微的惊异"。如：

The interjection shows a slight surprise.

(1) 哟，时间快到了。

(2) 哟，他怎么来了？

练　习　Exercises

一、根据《会话3》的内容，回答下列问题：

Answer the following questions according to Dialogue 3:

1. 金南植去天津的目的是什么？

2. 包销商应该具备什么条件？

3. 赵一平向金南植提出什么建议？

4. 金南植希望在天津地区采用哪种贸易方式？

5. 金南植为什么不希望在天津地区采用独家包销的方式？

二、选择下列词语填空：

Fill in the blanks with appropriate words given below:

　　我想、要是、要不然、吧、我有个主意

1. 张先生，我们还是先讨论价格条款（　　　）？

2. （　　　）没有变化，明天就可以签订包销协议。

3. （　　　）对方会接受理赔的。

4. （　　　）先调查一下，然后再决定包销商的人选。

5. （　　　），双方各出一半资金，您看怎样？

三、填写适当的词语：

Fill in the blanks with appropriate words：

1. 销售_____　　　2. 代销_____　　　3. 贸易_____

4. 独家_____　　　5. 打开_____　　　6. 资信_____

```
┌─────────────────────────────────────────────┐
│  综合练习　Comprehensive Exercises            │
└─────────────────────────────────────────────┘
```

一、选择画线字的正确读音：

Choose the right phonetic transcription of the underlined part：

1. 要不然（bù/bú）　2. 标准（biāo/piāo）　3. 方式（shì/sì）

4. 能不能（bù/bú）　5. 推荐（tuī/duī）　6. 自然（形）（ran/rán）

7. 对手（shǒu/shou）　8. 市场（shì/sì）　9. 自然（名）（ran/rán）

二、填写适当的代词：

Fill in the blanks with appropriate pronouns：

此、这、本、其他

1. （　　　）是谁的主意？

2. 张先生，只有董事长才有权决定（　　　）事。

3. 对不起，（　　　）公司不能承担这方面的责任。

4. 除他以外，（　　　）代理商都已去上海开会了。

三、填写适当的补语：

Fill in the blanks with appropriate complements：

开、起、完、一下、一会儿

1. 请您介绍（　　　）情况。

2. 这份资料写（　　　），马上交给赵经理。

3. 我希望尽快在青岛打（　　　）市场销路。

4. 我们谈了（　　　），他就走了。

5. 我们说（　　　）这事时，李小姐有些不高兴。

四、整理句子：

Rearrange the given words into a sentence：

1．地区、代理、扩大、我们、销售、希望

2．资信、的、可靠、我们、是、的

3．低、要、最、限额、代、商品、销、达到

4．定销、方式、采用、比较、好、我看

5．商品、增加、主意、包销、种类、的、个、我、有

五、用指定结构改写句子：

Rewrite the following sentences with the given constructions：

1．如果可以，我想再考虑一下。(要是……的话)

2．你不相信他。(难道……吗)

3．包销协议到期后，马上讨论此事。(只有……，才……)

4．你同意或者反对，都应该通知我们。(无论……还是……，都……)

5．我建议，后天去广州，接着再去深圳。(先……，然后……)

六、思考题：

Questions for thinking：

1．采用代理或包销的方式时，一般需要洽谈哪些内容？

2．你知道在国际贸易中常用的贸易方式有哪几种？

第二十二单元　货比三家

解释的表达方式

1. 就是说，在投资建厂的同时，还要有一家配套企业，专门生产轿车的零配件。

2. 尽管我们了解的情况不多，但是对这个项目很感兴趣。

3. 我们不是不想与贵公司合作，而是想寻找适合该项技术课题的人选。

4. 由于时间的缘故，我们想再与贵方交换一下意见。

5. 原计划是3个月，也就是说，10月初一次性交付所有的技术资料和技术情报。

6. 虽然不认识，但刚才在电梯里见过一面。

7. 简单地说，就是为了降低生产成本，增强竞争力。

8. 我听明白了。您的意思是，既在中国生产人造皮革，也在中国加工成品。

9. 我之所以这样说，是想让黄先生明白，我的建议对双方都有好处。

10. 听您一席话，可见张总是个干大事的人！

会　话　1

（在德国大洋汽车有限公司驻沪办事处）

钱晓华：您好。请问，您是苏尔特先生吧？

苏尔特：是的。您是……

钱晓华：我是昨天与您通电话的，约好今天面谈。

苏尔特：哦，对，对。这么说，您就是钱小姐了？

钱晓华：是的。公司派我来了解一下有关的情况。

苏尔特：是关于转让大洋汽车零配件专利技术的问题吗？

钱晓华：是的。不过，据我了解，在长春和武汉，已有两家工厂正在生产贵方转让的同一技术产品。

苏尔特：是的。但那两家工厂生产的汽车零配件，全部返销国际市场。

钱晓华：那贵方在上海有什么打算呢？

苏尔特：一年以后，我们计划在这儿投资建一家独资企业，专门生产大洋汽车。就是说，在投资建厂的同时，还要有一家配套企业，专门生产轿车的零配件。

钱晓华：只是生产轿车的零配件吗？

苏尔特：不仅仅是这些，还需要负责保养和维修。

钱晓华：这么说，在转让专利技术的同时，还需要转让保养和维修的专有技术。

苏尔特：是的。这不成问题。我们公司还会为受方培训一批技术工人。

钱晓华：苏尔特先生，尽管我们了解的情况不多，但是对这个项目很感兴趣。

苏尔特：是吗？可是目前已有两家国有企业愿意与我们合作。

钱晓华：这无所谓，公平竞争嘛。顺便问一句，许可合同期满后，转让的技术资料使用权，是否可以继续保留？

苏尔特：除了受方的过失以外，一般是可以保留的。

钱晓华：能举例说明一下吗？

苏尔特：可以。比如说，受方把转让的技术透漏给第三方。

钱晓华：啊，是这个意思。那么，受方可不可以继续使用贵方的商标呢？

苏尔特：噢，这是两回事。如果受方需要的话，我方可以继续转让商标使用权。但需要说明的是，不是免费提供。

钱晓华：那当然，这我知道。

苏尔特：钱小姐，听说你们是一家私人企业？

钱晓华：是的。但我相信您更清楚，有的私人企业也是很有实力的。

苏尔特：那倒是。如果有可能的话，我希望能到贵厂去参观一下。

钱晓华：那太好了。这正是我来的另一个目的。我们随时恭候您的到来。

苏尔特：谢谢。

生 词 New Words

1. 面谈　　　（名/动）　miàntán　　　to talk with sb. face to face
2. 配件　　　（名）　　　pèijiàn　　　fittings; parts
3. 返销　　　（动）　　　fǎnxiāo　　　to sell back
4. 同一　　　（形）　　　tóngyī　　　same
5. 独资　　　　　　　　dúzī　　　sole proprietorship
6. 配套　　　（离）　　　pèi tào　　　to form a complete set
7. 轿车　　　（名）　　　jiàochē　　　sedan
8. 保养　　　（动）　　　bǎoyǎng　　　to maintain
9. 维修　　　（动）　　　wéixiū　　　to repair
10. 专利　　　（名）　　　zhuānlì　　　patent
11. 专有技术　　　　　　zhuānyǒu jìshù　　proprietary technology
12. 培训　　　（动）　　　péixùn　　　to train
13. 项目　　　（名）　　　xiàngmù　　　project; program
14. 国有　　　　　　　　guóyǒu　　　state-owned
15. 无所谓　　（动）　　　wúsuǒwèi　　not matter
16. 例　　　　（名）　　　lì　　　example
17. 受方　　　（名）　　　shòufāng　　　receiver
18. 透漏　　　（动）　　　tòulòu　　　to divulge; to leak
19. 第三者　　（名）　　　dìsānzhě　　a third party
20. 免费　　　（离）　　　miǎn fèi　　free of charge

专 名 Proper Nouns

1. 德国　　　　　　Déguó　　　　　　Germany
2. 大洋汽车有限公司　Dàyáng Qìchē
　　　　　　　　　　Yǒuxiàn Gōngsī　name of a sedan limited company
3. 沪　　　　　　　Hù　　　　　　another name for Shanghai
4. 苏尔特　　　　　Sū'ěrtè　　　　name of a peron
5. 钱晓华　　　　　Qián Xiǎohuá　　name of a person

136

注 释 Notes

1. 尽管……，但是……

让步复句。前一分句表示肯定或承认某一事实；与"虽然"相近。后一分句，常与"但是""可是"或"然而"等词连用，表示另一件事不因前事的存在而不发生。如：

尽管……，但是…… is used in complex sentences of concession in which the first clause, sometimes with 虽然 instead of 尽管, admits or affirms something while the second clause, sometimes with 可是 or 然而 instead of 但是, indicates something will happen despite what is mentioned in the previous clause.

(1) 尽管进口商已经开出信用证，但我方必须收到后才能装运货物。

(2) 尽管双方口头达成了一致意见，可还要签订书面合同。

2. 无所谓

动词。表示"不在乎"或"没有关系"的意思。如：

The verb 无所谓 indicates that the speaker does not care or it does not matter.

(1) A：听黄经理说，这次竞争对手可不少。

B：无所谓，只要有实力，就不怕竞争。

(2) A：黄经理，这笔买卖可能要赔一点儿。

B：赔一点儿无所谓，能从中接受教训就行了。

3. 主语 + 把 + 宾语 + 动词 + 在 / 到 / 给 / 成 + 宾语

把字句。表示对事物的处理和影响。如：

This construction with 把 indicates the disposal of or the effect on something.

(1) 受方把转让的技术透漏给第三方。

(2) 他把那几份材料放在桌子上。

(3) 把那批货物运到目的港。

(4) 周红已经把运输单据交给了银行。

(5) 请您把合同翻译成英文。

4. 两回事

习用语。意思是"两种事物之间相互没有联系"。也说"两码事"。如：

The idiom 两回事 means the two things are entirely different or there is no relations between them. It can also be said as 两码事。

(1) 您也知道，商标使用权和专利使用权是两回事。

(2) 这是两回事，请不要混在一起谈。

练　习　Exercises

一、根据《会话1》的内容，回答下列问题：

Answer the following questions according to Dialogue 1:

1. 公司派钱晓华去干什么？

2. 外商为什么打算在上海地区转让这项专利技术？

3. 在转让专利技术的同时，还可以转让什么使用权？

4. 许可合同期满后，受方在什么情况下不能继续使用转让的技术？

5. 按许可对象分，外商打算转让哪几种技术？

二、选择下列词语填空：

Fill in the blanks with appropriate words given below:

就是说、两回事、无所谓、随时、免费

1. 企业的性质无论是国有的还是私人的都（　　　），只要有实力就行。

2. 工厂每天提供一顿（　　　）午餐。

3. 这是（　　　），与我没关系。

4. 有问题可（　　　）找李主任咨询。

5. 对方可以满足你的需要。（　　　），通过协商可以解决这个问题。

三、填写适当的词语：

Fill in the blanks with appropriate words:

1. 了解_____　　2. 专利_____　　3. 配套_____

4. 负责_____　　5. 技术_____　　6. 透漏_____

会　话　2

(H 咨询服务公司驻北京办事处)

秘　书：您好，欢迎光临。

胡小明：您好。我是胡小明，与你们经理约好今天上午见面，麻烦您通报一下。这是我的名片。(递上名片)

秘　书：(看一下名片) 请稍等。(打电话) 经理，客人到了。请进，罗伯特

138

先生在办公室等您。(为胡小明开门)

胡小明：谢谢。

罗伯特：你好，胡先生。最近忙吧?

胡小明：可不，今天又来麻烦您了。

罗伯特：别客气。你是上门的财神，我想请还请不到呢。

胡小明：哪里，哪里。希望今后有更多的机会合作。

罗伯特：如果是这样，当然让人高兴。不过听朋友说，贵公司已正式向三家外国驻京咨询代办处发出了邀请。

胡小明：消息很灵通嘛，罗伯特先生。的确是这样。但这不会影响我们之间的交往。

罗伯特：那当然。我们也不会轻易放弃的。

胡小明：说得好。我们不是不想与贵公司合作，而是想寻找适合该项技术课题的人选。

罗伯特：那就好。我方寄去的咨询建议书和报价单，贵方已经收到了吧?

胡小明：收到了。有关专家正在研究。由于时间的缘故，我们想再与贵方交换一下意见。

罗伯特：哪方面呢?

胡小明：主要是技术资料和技术情报的交付时间、支付方式及咨询费用。

罗伯特：这些问题，我们在建议书中都作了说明，还有问题吗?

胡小明：那倒不是。我们希望修改一下交付时间。

罗伯特：原计划是3个月，也就是说，10月初一次性交付所有的技术资料和技术情报。这是根据贵方提出的咨询任务大纲（TERMS OF REFERENCE）来确定的。

胡小明：这没错。但计划没有变化快。9月20号以前，我公司的代表要到国外实地考察。

罗伯特：你的意思是，9月20日之前，贵方一定要拿到该项技术课题的技术资料和技术情报?

胡小明：正是这样。但时间比较紧。

罗伯特：这好说。要是贵方同意的话，我们可以采用分批交付方式。

胡小明：这倒可以。那么，我建议分期支付咨询服务费用。您看怎样?

罗伯特：没问题。时间是紧了点儿，但我们会想办法解决的。

胡小明：那就太好了。

罗伯特：请放心。如果贵方委托我方办理此事，以上要求可在咨询服务合同上写明。

胡小明：那好。今天就谈到这儿吧。

罗伯特：好的。我等您的消息。

生　词　New Words

1.	通报	（动／名）	tōngbào	to announce the arrival of
2.	财神	（名）	cáishén	the God of Wealth
3.	正式	（形）	zhèngshì	formal
4.	灵通	（形）	língtōng	well-informed
5.	交往	（动）	jiāowǎng	to make contact with; to associate with
6.	轻易	（形）	qīngyì	easily; rashly
7.	放弃	（动）	fàngqì	to give up
8.	课题	（名）	kètí	topic for study or discussion
9.	咨询建议书		zīxún jiànyì shū	consultation proposal
10.	专家	（名）	zhuānjiā	expert
11.	缘故	（名）	yuángù	reason
12.	情报	（名）	qíngbào	information
13.	作	（动）	zuò	to do; to make
14.	一次性		yícìxìng	once and for all
15.	交付	（动）	jiāofù	to pay
16.	咨询任务大纲		zīxún rènwu dàgāng	terms of reference
17.	实地	（名）	shídì	on the spot
18.	分批		fēnpī	in batches; in turn
19.	分期		fēnqī	by stages
20.	以上	（名）	yǐshàng	the above
21.	咨询服务公司		zīxún fúwù gōngsī	consulting company

专　名　Proper Nouns

1.	H 咨询服务公司	H Zīxún Fúwù Gōngsī	name of a consulting company
2.	胡小明	Hú Xiǎomíng	name of a person

注 释 Notes

1. 上门的财神

俗语。意思是客户或买主主动找卖方谈生意，机会难得。也说"送上门的买卖"。如：

This common saying means the client or buyer takes the initiative by going to the seller to discuss business. Another expression to the same effect is 送上门的买卖。

(1) 你可是上门的财神。哪有不欢迎的?

(2) 上门的财神到哪儿去找啊!

2. 并

副词。常跟"不""非""没有"等否定词连用，强调不是预想的那样。有加重否定语气的作用。如：

The adverb 并 often precedes a negative word such as 不，非 or 没有 to emphasize that things are not as what is thought to be. It intensifies the negative tone.

(1) 我认为，问题并不出在这里。

(2) 这并非是我的本意。

(3) 这句话并没有别的意思。

(4) 请不要多心，我并无此意。

3. ……不是……，而是……

选择复句。常用在解释说明某事物的含义、理由或原因的句子中。前后两个分句的语义相对应。如：

……不是……，而是…… in complex sentences of alternative explains the meaning, reason or cause of something. The meaning of the first clause is opposite to that of the second clause.

(1) 他不是包销商，而是代理商。

(2) 我不是不想告诉你，而是我不知道。

(3) 这批货不是液体的，而是固体的。

4. 由于……的缘故

因果复句。表示"原因"或"理由"。"所以"常在后一分句的句首。如：

由于……的缘故 in the first clause of a causative complex sentence introduces the reason or cause of something. 所以 is often used in the second clause.

(1) 由于资金的缘故，所以公司没有进口那套设备。

(2) 由于身体的缘故，他推迟了出发的时间。

5. 计划没有变化快

俗语。意思是 "原来的想法或计划已不适应新形势或变化了的情况，应随时改变"。也说 "计划赶不上变化"。如：

This common saying means that the original idea or plan cannot fit in with the new situation and should be changed. It can also be said as 计划赶不上变化.

(1) A: 小王，经理让你把下周的工作重新安排一下。

B: 是吗？计划没有变化快，刚定下来又要变了。

(2) A: 小赵，根据总经理的要求，再设计一套新方案。

B: 这可真是计划赶不上变化。

练 习 Exercises

一、根据《会话2》的内容，回答下列问题：

Answer the following questions according to Dialogue 2:

1. 中方想委托几家咨询服务公司办理此事？

2. 中方为什么没有与H咨询服务公司签订合同？

3. 按原计划，什么时候交付技术资料和情报？

4. 中方为什么希望9月20日之前结束这项工作？

5. 经过协商，双方在哪几方面达成了一致意见？

二、选择下列词语填空：

Fill in the blanks with appropriate words given below:

也就是说、这好说、缘故、没错、并

1. 咨询服务公司（   ）不承担这方面的责任。

2. 由于他的（   ），我们改变了计划。

3. （   ），这事是我同意办的。

4. （   ），有结果我马上通知你。

5. 大约3个月能完成这项工作。（   ），2月底到4月底。

142

三、填写适当的词语：

Fill in the blanks with appropriate words:

1. 消息_____   2. 放弃_____   3. 寻找_____

4. 技术_____   5. 交付_____   6. 咨询_____

会 话 3

（在西友皮革有限公司的会客室内）

郭永年：张总，我来介绍一下，这位是新西兰康富公司的总裁助理，黄德仁
　　　　先生。

张国文：您好，黄先生，认识您很高兴。

黄德仁：您好。您就是张总？真是有眼不识泰山。

郭永年：你们认识，张总？

张国文：啊不，不认识。

黄德仁：虽然不认识，但刚才在电梯里见过一面。

张国文：哦，好记性。请，请这边坐。

郭永年：张总，刚才我陪黄先生参观了样品展览室。

张国文：这样好。先让黄先生多看看，然后再交换意见。

黄德仁：谢谢您的安排。我这次来华参观了几家大的皮革厂，打算选择一家
　　　　与我方合作开发人造皮革服装。

张国文：有目标了吗？

黄德仁：还没有。如果贵方愿意合作的话，打算采取哪种形式呢？

张国文：我们希望贵方提供技术资料和仪器设备，由双方人员共同研究，重
　　　　新设计产品的图纸，这样才能适合我厂的生产条件。

黄德仁：可以是可以，但是我们希望在中国生产人造皮革，然后在国内加工
　　　　成品，您看呢？

张国文：在回答这个问题之前，我有两个问题想请教一下。

黄德仁：不客气。请讲。

张国文：第一个问题是，合作产品的销售范围。

黄德仁：我们有个初步打算，50%投放到国际市场上去，另外50%分别在我
　　　　们两国销售。还有呢？

张国文：第二个问题是，贵方到中国来寻找合作生产的伙伴，目的是什么呢？

黄德仁：简单地说，就是为了降低生产成本，增强竞争力。

张国文：这就对了。如果在贵国加工成品的话，就会增加支出，减少利润。

143

黄德仁：我听明白了。您的意思是，既在中国生产人造皮革，也在中国加工
　　　　成品。张总回答问题的方式很巧妙嘛！

张国文：过奖了。我之所以这样说，是想让黄先生明白，我的建议对双方都
　　　　有好处。

黄德仁：这我清楚。但张总您也知道，人造皮革加工的技术要求是很高的。

张国文：这您放心。要是贵方与我们合作生产的话，通过技术培训和技术指
　　　　导，这方面的问题是可以解决的。

黄德仁：听您一席话，可见张总是个干大事的人！

张国文：哪里，哪里。事在人为。只要双方共同努力，一切问题都不难解决。
　　　　希望贵方不要错过这个好机会。

黄德仁：那是一定的。但与哪家合作生产，最后还得由董事会来决定，我只
　　　　提供调查资料。

张国文：这没关系。只要如实地反映情况就行了。

黄德仁：请放心，我会这样做的。

张国文：谢谢。拜托啦。

生　词　New Words

1.	皮革	（名）	pígé	leather; hide
2.	总裁	（名）	zǒngcái	president
3.	助理	（名）	zhùlǐ	assistant
4.	记性	（名）	jìxing	memory
5.	人造	（形）	rénzào	man-made; artificial
6.	目前	（名）	mùqián	at present
7.	仪器	（名）	yíqì	instrument
8.	图纸	（名）	túzhǐ	drawing; blueprint
9.	初步	（形）	chūbù	tentative; preliminary
10.	伙伴	（名）	huǒbàn	partner
11.	增强	（动）	zēngqiáng	to enhance; to strengthen
12.	减少	（动）	jiǎnshǎo	to reduce
13.	巧妙	（形）	qiǎomiào	clever; ingenious
14.	指导	（动）	zhǐdǎo	to direct; to guide
15.	席	（量）	xí	*measure word used for a talk*
16.	可见	（连）	kějiàn	it is thus clear that...

17. 错过　　（动）　　cuòguò　　　　to miss

18. 董事会　（名）　　dǒngshìhuì　　board of directors

19. 如实　　（副）　　rúshí　　　　　as things really are; to stick to the facts

专　名　Proper Nouns

1. 西友皮革有限公司　　Xīyǒu Pígé Yǒuxiàn
　　　　　　　　　　　Gōngsī　　　　　Xiyou Leather Co., Ltd.

2. 新西兰康富公司　　　Xīnxīlán Kāngfù
　　　　　　　　　　　Gōngsī　　　　　name of a New Zealand company

3. 泰山　　　　　　　Tài Shān　　　　a famous mountain in Shandong
　　　　　　　　　　　　　　　　　　Province in North China

4. 黄德仁　　　　　　Huáng Dérén　　name of a person

5. 张同文　　　　　　Zhāng Tóngwén　name of a person

6. 郭永年　　　　　　Guō Yǒngnián　　name of a person

注　释　Notes

1. 有眼不识泰山

俗语。借指没有认出重要人物或大人物。客套话。常用在自责或责备他人时。如：

This common saying, often used to reproach oneself or other people, means the speaker or somebody else does not recognize a VIP.

（1）你看你，真是有眼不识泰山，怎么连局长也认不出啦？

（2）你看我，连王总都没认出来，真是有眼不识泰山。

2. 虽然……，但是……

转折复句。连词"虽然"在前一分句中，表示让步，肯定或承认某一事实。在后一分句中常有"但（是）""可是""不过"等词语呼应。如：

虽然……，但是…… occurs in complex sentences of transition. It means "though..., ..." 可是 or 不过 can be used in the second clause instead.

（1）这笔买卖虽然没有谈成，但是我们了解了不少情况。

（2）虽然价格高一些，可是质量非常好。

（3）我虽然不了解这件事，不过我会调查的。

3.……是……，但是……

转折复句。是一种委婉的表达方式。先肯定或同意某一要求、看法等，然后再说明实际情况。如：

To moderate the tone，……是……，但是…… is used in complex sentences of transition, in which the first clause admits or agrees to something while the second clause points out the actual state of affairs.

(1) A：我们是老客户了，贵方能给2%的折扣吗？

　　B：可以是可以，但是订购数量必须超过5000件。

(2) A：这套西服的样式不错。

　　B：好是好，但是不太适合中老年人穿。

4. 就

副词。表示"肯定事实"。如：

The adverb 就 explains and affirms the fact.

(1) 简单地说，就是为了降低生产成本，增强竞争力。

(2) 我们把工厂建在这儿，就是因为这儿交通方便。

5. 事在人为

成语。表示某事能否成功，取决于是否努力去做。如：

The idiom 事在人为 means "Where there is a will. there is a way."

(1) A：要办成这件事，难度很大。

　　B：事在人为，只要努力去做，总会成功的。

(2) A：这次与外商合作开发人造皮革服装，困难一定不少。

　　B：可不，但我相信一定会成功的。

　　A：是啊，事在人为嘛。

练　习　Exercises

一、根据《会话3》的内容，回答下列问题：

Answer the following questions according to Dialogue 3：

1. 黄德仁认识张总吗？

2. 来华后，黄德仁为什么先后参观了几家大的皮革厂？

3. 张总向黄德仁提出了什么问题？

4. 黄德仁为什么不希望在中国加工成品？

5. 外商与哪家合作生产，最后由谁来决定？

二、选择下列词语填空：

Fill in the blanks with appropriate words given below:

简单地说、过奖了、就行了、可见、请教

1. 我想向王总（　　）一个问题，可以吗？

2. （　　），这是大家共同努力的结果。

3. 这事委托 M 咨询服务公司办理（　　）。

4. 引进什么技术对受方更有利呢？（　　），要根据受方的实际情况来决定。

5. 人们都喜欢找他办事，（　　）他是个热心人。

三、填写适当的词语：

Fill in the blanks with appropriate words:

1. 合作_____
2. 设计_____
3. 加工_____
4. 销售_____
5. 错过_____
6. 技术_____

综合练习　Comprehensive Exercises

一、选择画线字的正确读音：

Choose the right phonetic transcription of the underlined part:

1. 财神 (shén/shen)
2. 重新 (zhòng/chóng)
3. 巧妙 (miào/miao)
4. 消息 (xī/xi)
5. 办法 (fǎ/fa)
6. 皮革 (gé/gě)
7. 轻易 (qīng/jīng)
8. 缘故 (gù/gu)
9. 调查 (diào/tiáo)

二、填写适当的词语：

Fill in the blanks with appropriate words:

放弃、转让、返销、透漏、维修

1. 这个消息可不能（　　）出去。

2. 我的汽车每年都（　　）一次。

3. 外商打算（　　）什么技术？

4. 我可不想（　　）这么好的机会。

5. 加工出的成品全部（　　）国际市场。

三、从句中找出下列词语的反义词：

Find out the antonyms of the given words in the following sentences：

私人、减少、降低、涨、好

1. 这种产品的质量很差。

2. 这是一家国有企业。

3. 这种西服的销售量增加了一半。

4. 这种产品的成本提高了。

5. 今年咨询服务费用降了五分之一。

四、整理句子：

Rearrange the given words into a sentence：

1. 使用权、专有技术、关于、专利技术、转让、问题、和、的

2. 转让、继续、合同、许可、期、后、可、满、吗

3. 咨询、合同、问题、服务、以上、应、明、在、写、中

4. 彩电、开发、数字、合作、希望、方、我

5. 增强、降低、成本、竞争力、可以、这样

五、用指定结构改写句子：

Rewrite the following sentences with the given constructions：

1. 我们的技术水平不高，可以通过技术培训和技术指导来解决。（尽管……，但是……）

2. 由于资金不够，我们减少了进口的数量。（由于……的缘故）

3. 虽说这个计划不错，但是要等到董事会通过后才能实行。（……是……，但是……）

4. 我无权决定此事，但是可以帮你问一下。（虽然……，但是……）

5. n公司同意转让专利使用权，不是商标使用权。（……不是……，而是……）

六、思考题:

Questions for thinking:

1. 国际技术贸易主要有几种形式?
2. 外国人的专利技术或专有技术,要想受到中国的法律保护,应采取什么办法?

第二十三单元　机不可失

转换话题的表达方式

1. 算了，不说它了。

2. 您这一说，我倒想起来一件事。

3. 您看，话扯远了。您先到会客室休息一下吧。

4. 顺便问一句，如果加工的样品符合贵方的要求呢？

5. 还有，加工出的成品，由贵方负责销售。

6. 不过话又说回来，如果不符合要求，那我也无能为力了。

7. 对了，有件事我想了解一下。

8. 不说它了，我们还是回到刚才那个话题上吧。

9. 这事以后再说，先打球吧!

10. 说到这儿，我倒想问一下，贵方接受来样加工吗？

会话　1

（在光明服装厂的门口）

尚玉龙：中村先生，您看，东边这栋楼是生产车间，北边的两座平房是仓库。

中村永：这边两栋楼呢？

150

尚玉龙：西边这两栋是办公楼。西北那座楼是工人活动的场所。一、二层是工人读书和娱乐的地方，三、四层是工人的宿舍。

中村永：真没想到，变化这么大。

尚玉龙：这么说，中村先生以前来过这里？

中村永：是的。八十年代中期来过一次。那时，这里只有几座平房、十几个工人。算了，不说它了。

尚玉龙：您这一说，我倒想起来一件事。

中村永：什么事啊？说说看。

尚玉龙：听老厂长说，那时的确有一位日商来过。好像是打算加工一批运动服。

中村永：是的，那就是我。

尚玉龙：后来听说，我们厂的硬件和软件都不过关，而且交货期太紧，所以，这笔买卖就没谈成。

中村永：是啊，错过了一次好机会。

尚玉龙：这些年来，我们老厂长一直想请您再回来看看。咦，中村先生，您怎么知道我们想请您来呢？

中村永：也许是上帝的安排吧。很偶然，我在一篇通讯报道中，看到你们厂有了很大的发展，就一直想再来看看。

尚玉龙：哦，原来是这样。您看，话扯远了。您先到会客室休息一下吧。

中村永：好的。

（在会客室内）

尚玉龙：请喝茶。这是中国有名的乌龙茶。

中村永：谢谢。味道不错，很纯正。

尚玉龙：中村先生，您这次来的目的是……

中村永：一是想来亲眼看看，二是想搞一批来料加工。

尚玉龙：能不能具体说一说？

中村永：可以。图样由我方提供，男女西服各加工一件。

尚玉龙：一件？

中村永：是的。

尚玉龙：什么时候交货？

中村永：10 天后。

尚玉龙：没问题。样品的原料和辅料也由贵方提供吧？

中村永：是的。如果贵方同意，我们马上发快件，后天就能收到。

尚玉龙：顺便问一句，如果加工的样品符合贵方的要求呢？

中村永：那我们将与贵方签订一份来料加工的合同。

尚玉龙：还有，加工出的成品，由贵方负责销售。

中村永：是的，全部返销日本市场。不过话又说回来，如果不符合要求，那我也无能为力了。

尚玉龙：那是。但我相信，不会再有第二次了。

中村永：我也相信。希望我们的合作能够成功。

尚玉龙：详细情况，咱们回头再谈，先去参观生产车间吧。

中村永：可以。

生　词　New Words

1. 栋	（量）	dòng	*used for buildings*
2. 平房	（名）	píngfáng	bungalow
3. 仓库	（名）	cāngkù	warehouse; store
4. 娱乐	（动/名）	yúlè	to make fun; to entertain; recreation
5. 场所	（名）	chǎngsuǒ	place
6. 年代	（名）	niándài	decade; time; years
7. 中期	（名）	zhōngqī	mid-term
8. 运动服	（名）	yùndòngfú	sportswear
9. 硬件	（名）	yìngjiàn	hardware
10. 软件	（名）	ruǎnjiàn	software
11. 过关	（离）	guò guān	to reach a standard; to pass a test
12. 上帝	（名）	shàngdì	God
13. 偶然	（形）	ǒurán	accidental; fortuitous
14. 报道	（动/名）	bàodào	to report; report
15. 扯	（动）	chě	to chat
16. 乌龙茶	（名）	wūlóngchá	oolong（tea）
17. 来料加工		lái liào jiāgōng	to process with supplied material
18. 图样	（名）	túyàng	pattern; draft; drawing
19. 西服	（名）	xīfú	Western-style suit
20. 辅料	（名）	fǔliào	accessory material
21. 快件	（名）	kuàijiàn	express mail

专 名 Proper Nouns

1. 光明服装厂　　Guāngmíng Fúzhuāngchǎng　　Guangming Clothing Factory
2. 中村永　　　　Zhōngcūn Yǒng　　　　　　name of a person
3. 尚玉龙　　　　Shàng Yùlóng　　　　　　　name of a person

注 释 Notes

1. 过关

离合词。表示通过关口，多用于比喻。如：

The separable word 过关 means " pass a barrier" and is often used metaphorically.

(1) 安娜，过了关，我们就到中国了。

(2) 产品质量不合标准就不能过关。

(3) 通过面试，他就过了最后一关。

(4) 赵部长对手下要求很严，要想过他那关可不容易。

2. 上帝的安排

习惯说法。表示发生某事，纯属偶然。如：

This phrase indicates that something happens purely by chance.

(1) 没想到50年后，他们又见面了。大概是上帝的安排吧。

(2) 一个偶然的机会我们认识了，后来又成了好朋友，这大概是上帝的
安排。

3. 话扯远了

习惯说法。表示所谈的内容离开了主要话题，应该停止了。如：

This phrase means that what is being talked has been away from the point and should be stopped.

(1) 你看，话扯远了，我们还是接着刚才的话题谈吧。

(2) 不说了，话扯远了。我们还是谈销售包装吧。

4. 一是……，二是……

解说复句。用于分别说明原因或理由。如：

This construction is used in complex sentences of explanation to list reasons or cause.

(1) 我这次来华，一是想看看几位老朋友，二是谈笔买卖。

(2) 我厂出口的服装，一是来料加工的成品，二是来样加工的成品。

5. 话又说回来

插入语。表示从另一个角度或相反的方面来谈某个问题。如：

话又说回来 is a parenthesis indicating something should be talked about from another or the opposite point of view.

(1) 我方同意采用付款交单方式。但话又说回来，在交货时间上贵方应提供一些方便。

(2) 我们委托贵方加工的这批运动服，应按来样标准加工。话又说回来，如果质量上有问题，我方拒绝支付一切费用。

练 习　Exercises

一、根据《会话 1》的内容，回答下列问题：

Answer the following questions according to Dialogue 1:

1. 中村先生什么时候去过光明服装厂？

2. 日商为什么没有委托他们加工那批运动服呢？

3. 日商第二次去光明服装厂的目的是什么？

4. 为什么日商只加工两件西服？

5. 如果加工的样品符合日商的要求呢？

二、选择下列词语填空：

Fill in the blanks with appropriate words given below:

后来、倒、将、各

1. 会客厅的两侧（　　）有一个门。

2. 有件事，我（　　）想了解一下。

3. 那个会议（　　）在后天召开。

4. 开始他是总裁的助理，（　　）他去当部门经理了。

三、填写适当的词语：

Fill in the blanks with appropriate words:

1. 活动_____　　2. 娱乐_____　　3. 符合_____

4. 提供_____　　5. 加工_____　　6. 发_____

154

会 话 2

（在广州秋季交易会的展区内）

朱红：先生，您好！欢迎光临。

雷蒙：您好！我是雷蒙，这是我的名片。

朱红：(看一下名片) 哦，这家超市很有名气嘛，在世界各地有几百家连锁店。

雷蒙：不敢当，不敢当。

朱红：雷蒙先生，您想看点什么?

雷蒙：主要想看一下电动玩具。

朱红：那就请到这边来。您看，左边展台上摆的全是电动玩具。

雷蒙：这几种电动玩具都是贵厂生产的吗?

朱红：是的。这次广交会，我们只带来了这几种。如果感兴趣的话，还可以看看其他种类的照片。

雷蒙：那太好了。可以实际操作一下吗?

朱红：当然可以。给您，这是遥控器。

雷蒙：真不错。这几种的色调和外形都很大方，反应也很灵敏。用几号电池?

朱红：遥控器上需要 2 节 5 号的，玩具上需要 3 节或 4 节 1 号电池。

雷蒙：顺便问一下，可以批量订购吗?

朱红：当然可以。现在就可以填订单。

雷蒙：对了，有件事我想了解一下。

朱红：请讲。

雷蒙：贵厂接受来件装配电动玩具的业务吗?

朱红：接受。我厂有一个车间专门负责这类业务。

雷蒙：由我方提供零部件，按要求组装成品，是这样吗?

朱红：是的。生产出来的电动玩具，也由贵方负责销售。

雷蒙：对，是这样。那么在圣诞节以前能交货吗?

朱红：这要看来件装配的数量多少，数量太大不行，小批量还来得及。

雷蒙：对了，还有一个问题，贵厂接受定牌生产吗?

朱红：可以。但如果出现侵犯第三者商标权的问题，我方不负责任。

雷蒙：请放心，绝对不会出现这种情况，我们从来不使用别人的商标。那么，加工费怎么计算呢?

朱红：没有统一的标准。可根据实际情况，请会计师计算一下。

雷蒙：可以粗算一下吗?

朱红：这倒可以。您看这样好吗？我先与厂长联系一下，然后再约个时间，
　　　商量一下具体内容。

雷蒙：也好。不说它了，我们还是回到刚才那个话题上吧。我们打算订购
　　　3000辆小火车，2000架小飞机。可以吗？

朱红：可以。请到这儿填一下订单。

雷蒙：好的。

生　词　New Words

1. 超市		chāoshì	supermarket
2. 连锁	（名）	liánsuǒ	chain
3. 电动	（形）	diàndòng	electric
4. 展台	（名）	zhǎntái	exhibition stall
5. 操作	（动）	cāozuò	to operate
6. 遥控器	（名）	yáokòngqì	remote-control
7. 色调	（名）	sèdiào	color
8. 大方	（形）	dàfang	in good taste
9. 反应	（动/名）	fǎnyìng	to react; response
10. 灵敏	（形）	língmǐn	sensitive
11. 电池	（名）	diànchí	battery
12. 来件装配		lái jiàn zhuāngpèi	to assemble parts supplied by clients
13. 零件	（名）	língjiàn	parts
14. 部件	（名）	bùjiàn	parts; components
15. 组装	（动）	zǔzhuāng	to assemble
16. 定牌		dìng pái	appointed trademark
17. 侵犯	（动）	qīnfàn	to infringe upon; to violate
18. 实际	（名/形）	shíjì	fact; actual
19. 会计师	（名）	kuàijìshī	accountant
20. 粗	（形）	cū	rough
21. 架	（量）	jià	*used for planes*

专 名　Proper Nouns

1. 雷蒙　　　Léiméng　　　Raymond
2. 朱红　　　Zhū Hóng　　　name of a person

注 释　Notes

1. 不敢当

谦词。表示"承当不起"。常用在回应对方的招待或夸奖自己时。如：

This word of modesty, often used in reply to the other party's greeting or compliment, means "I really don't deserve this."

(1) A：让我介绍一下，这位是张总。

　　B：您好，张总。久仰大名。

　　A：不敢当，不敢当。

(2) A：吴先生在商界可是如鱼得水，前途无量。

　　B：不敢当，不敢当。

2. 由

介词。介绍动作行为的发出者，有"归、靠"的意思。用在"由＋名词/名词短语"的格式中，构成介词短语，在句中充当状语。如：

The preposition 由 introduces the agent of an action. It is used in the pattern 由＋noun/noun phrase to function as the adverbial adjunct of the sentence.

(1) 公司的一切开支都由会计师管理。

(2) 保险费由买方承担。

(3) 加工出的成品由委托方负责销售。

(4) 样品的原料和辅料都由进口商提供。

3. 是这样吗?

固定短语。可用在句前或句后，表示"追问"或"确认"。如：

This phrase can occur either before or after a sentence to express further requiry or to ask for confirmation.

(1) 是这样吗？由贵方提供零部件，我方按要求组装成品。

(2) 加工出的西服全部返销日本市场，是这样吗？

4. 从来

副词。常用在"从来 + 不 / 没（有）+ 动词短语"的否定句式中，表示从过去到现在都是这样。如：

The adverb 从来 is often used in the negative pattern 从来 + 不/没（有）+ verbal phrase to indicate the changeless state or condition of something from the past to the present.

(1) 他从来不向别人谈论客户的事。

(2) 我从来没见过这个人。

(3) 在生意场上，他从来没有失败过。

练 习 Exercises

一、根据《会话 2》的内容，回答下列问题：

Answer the following questions according to Dialogue 2：

1. 西蒙对什么展品感兴趣？

2. 西蒙认为那几种电动玩具怎么样？

3. 西蒙打算订购哪种电动玩具？

4. 中方同意接受哪种加工贸易？

5. 对来件装配电动玩具一事，双方协商了哪些内容？

二、选择下列词语填空：

Fill in the blanks with appropriate words given below：

是这样吗、不敢当、来得及、从来、由

1. 哦，太客气了。这么说我可（   ）。

2. 装配彩电的零部件全部（   ）外商提供。

3. 加工出来的成品全部返销国际市场，（   ）?

4. 圣诞节前交货，你说（   ）吗？

5. 我厂（   ）不生产定牌产品。

三、填写适当的词语：

Fill in the blanks with appropriate words：

1. 组装_____   2. 反应_____   3. 计算_____

4. 感_____   5. 填_____   6. 有_____

158

会　话　3

（在保龄球馆内）

孙海波：宋老板，你也来打保龄球啊？

宋玉泉：哟，孙厂长，你好！我是陪朋友来的。来，我来介绍一下。这位是
　　　　德国 W 公司的营销部经理，沃克斯先生。

孙海波：您好，认识您很高兴。

沃克斯：（握手）认识您我也很高兴。怎么称呼您？

孙海波：我姓孙，大家都叫我老孙。周末人多，空道少，到这儿一块玩吧。

沃克斯：这不大好吧。

宋玉泉：（对沃克斯）要不，我们先去游泳？

孙海波：你看你，又见外了。

宋玉泉：恭敬不如从命。沃克斯先生，请在这儿换鞋吧。

沃克斯：好的。不错，大小正合适，就是鞋底硬了点儿。

孙海波：这种鞋，关键是鞋底要防滑，穿着要轻便。

沃克斯：但鞋底太薄，穿着也不舒服。

孙海波：是的。这种材料做鞋底，弹性不太好。

宋玉泉：嚯，真是三句话不离本行啊！沃克斯先生，您说话可要小心点儿，
　　　　这鞋可是他们厂生产的。

沃克斯；哦，真的吗，孙厂长？

孙海波：这不假。但我很想听听您的意见。

沃克斯：让您见笑了。我想，如果鞋底软一点儿，身体的重心会稳一些。

孙海波：有道理。那么，您认为什么办法能解决这个问题呢？

沃克斯：我看是鞋底的原料不太好。

孙海波：是的。国产原料的弹性差，我也无能为力。

沃克斯：进口嘛！我可以帮忙。

宋玉泉：二位，这事以后再说，先打球吧！

沃克斯：对不起，请等一下。说到这儿，我倒想问一下，贵方接受来样加工吗？

孙海波：接受。只要对方提供产品的全套图纸和样品，我们就可以加工。

沃克斯：那太好了。有个朋友委托我加工 1 万双运动鞋，可以使用定牌商标吗？

孙海波：可以。但对方还应提供有关商标注册登记文件或其他证明。

沃克斯：这没问题。可话又说回来，原料必须从国外进口。

孙海波：那好说。但还有许多细节问题要商量。比如说，残次品率，工缴费

的计算方法，以及成品交付条件，等等。

宋玉泉：吓，孙厂长，您怎么把谈判桌搬到这儿来啦？

孙海波：天赐良机，机不可失啊。

宋玉泉：再说可就罚你了。

孙海波：该罚，该罚，打完球我请诸位吃夜宵。

宋玉泉：一言为定。沃克斯先生，你们二位先打一局。

沃克斯：谢谢。

生　词　New Words

1. 保龄球馆		bǎolíngqiúguǎn	bowling alley
2. 老板	（名）	lǎobǎn	boss
3. 营销	（名）	yíngxiāo	sales; marketing
4. 称呼	（动/名）	chēnghu	to address; address form
5. 周末	（名）	zhōumò	weekend
6. 空	（形）	kòng	free; having spare time
7. 道	（名）	dào	(bowling) alley
8. 见外	（动）	jiànwài	to regard sb. as an outsider
9. 大小	（名）	dàxiǎo	size
10. 底儿	（名）	dǐr	sole
11. 硬	（形）	yìng	hard
12. 防	（动）	fáng	to prevent
13. 轻便	（形）	qīngbiàn	light
14. 弹性	（名）	tánxìng	elasticity
15. 见笑	（动）	jiànxiào	to laugh at (me, us)
16. 软	（形）	ruǎn	soft
17. 重心	（名）	zhòngxīn	center of gravity
18. 稳	（形）	wěn	steady; firm
19. 国产	（形）	guóchǎn	to made in one's own country; domestic
20. 来样加工		lái yàng jiāgōng	to process with supplied designs
21. 套	（量/动）	tào	set
22. 运动鞋		yùndòngxié	sports shoes
23. 文件	（名）	wénjiàn	documents

24. 残次品	/	cáncìpǐn	defective goods
25. 工缴费	(名)	gōngjiǎofèi	processing fees
26. 吓	(叹)	hè	*used to show surprise or displeasure*
27. 谈判	(动)	tánpàn	to negotiate
28. 赐	(动)	cì	to grant; to bestow
29. 良机	(名)	liángjī	good opportunity
30. 夜宵	(名)	yèxiāo	food eaten late at night
31. 局	(量)	jú	round; set; innings

专 名 Proper Nouns

1. 宋玉泉	Sòng Yùquán	name of a person
2. 孙海波	Sūn Hǎibō	name of a person
3. 沃克斯	Wòkèsī	name of a person
4. 德国 W 公司	Déguó W Gōngsī	name of a German company

注 释 Notes

1. 宋老板，你也来打保龄球

复指词组。有强调或解释的作用。在句子中可作主语、宾语、定语和状语。如：

宋老板，你 is a phrase of epanalepsis, which can function as the subject, object, attributive or adverbial adjunct to emphasize or explain something.

(1) 沃克斯先生，您说话可要小心点儿。(主语)

(2) 这位是德国 W 公司的营销部经理，沃克斯先生。(宾语)

(3) 孙厂长 这人的脾气有点儿怪。(定语)

(4) 他们今明 两年不可能达成协议。(状语)

2. 你看你

习用语。表示不满或责备的意思。如：

This idiom shows discontent or reproach.

(1) 你看你，怎么又迟到了？

(2) 你看你，怎么这么客气？

161

3．要不

连词。连接分句或句子。表示"假设的否定"；"如果不这样"；"要不然"。如：

The conjunction 要不 introduces a suggestion or it means "if it were not the case."

(1) 这批货必须在五一之前发出去，要不我们也不会让工人加班生产。

(2) 明天我还有课，要不我们可以再多玩一会儿。

(3) A：看来这次责任在我方。

B：那是。要不外商怎么会提出索赔要求呢？

有时表示"对相似或不同的两项进行选择"；"或是"。如：

It can also means "choose between two similar or diffferent things" or just means "or."

(1) 你不喜欢游泳，要不我们去打保龄球？

(2) 红的太刺眼，要不我们买浅绿的？

4．三句话不离本行

俗语。意思是"说话不离开自己所从事的工作"。如：

This common saying means "one cannot open his mouth without talking shop."

(1) A：冯先生，你看这鞋的做工怎么样？

B：嚯，三句话不离本行。

A：那是。干什么关心什么嘛。

(2) 嚯，你可真行，见谁都讨论市场行情，真是三句话不离本行啊。

5．天赐良机

习惯说法。常用来表示庆幸或高兴，意思是"遇到或碰到好的机会"。如：

This idiom, often used to express joy or a feeling of luckiness, means "a Heaven-sent chance."

(1) 财神上门，这可真是天赐良机。

(2) 这是天赐良机，你可不要错过啦。

6．机不可失

成语。意思是"时机难得，不可错过"。如：

This idiom means "such a chance must not be missed."

162

(1) A：听说，那位日商又去你们厂参观了。

B：是的。机不可失，时不再来呀。

A：对，不能错过这次机会。

(2) 我劝你还是去考一下，机不可失啊。

练　习　Exercises

一、根据《会话 3》的内容，回答下列问题：

Answer the following questions according to Dialogue 3：

1. 为什么这种鞋穿着不舒服？

2. 朋友托沃克斯办理什么加工业务？

3. 如果使用定牌商标，孙厂长提出什么要求？

4. 沃克斯提出了什么要求？

5. 还有什么问题需要协商？

二、选择下列词语填空：

Fill in the blanks with appropriate words given below：

你看你、这不假、见外、见笑、吓

1. 我的汉语说得不好，让您（　　　）了。

2. 怎么这么客气呀，太（　　　）了。

3.（　　　），我方委托他们加工一批运动服。

4.（　　　），怎么来这么多人哪！

5.（　　　），怎么又来晚了？

三、填写适当的词语：

Fill in the blanks with appropriate words：

1. 委托_____　　2. 交付_____　　3. 国产_____

4. 定牌_____　　5. 打_____　　6. 陪_____

一、选择画线字的正确读音：

Choose the right phonetic transcription of the underlined part:

1. 说一说（yì/yi）　　2. 弹性（tán/dàn）　　3. 称呼（hū/hu）

4. 连锁店（suǒ/shuǒ）　5. 兴趣（qù/qu）　　6. 吓（动）（xià/hè）

7. 残次品（cán/chán）　8. 大方（fāng/fang）　9. 吓（叹）（xià/hè）

二、填写适当的量词：

Fill in the blanks with appropriate measure words:

　　栋、辆、架、局、节

1. 那（　　）飞机是飞往青岛的。

2. 这种手电筒需要几（　　）电池？

3. 你买的那（　　）汽车是什么牌子的？

4. 你住在哪（　　）楼？

5. 这（　　）打完了，去游泳，怎么样？

三、找出句中与下列词语相对或相反的词：

Find out the antonyms of the given words in the following sentences:

　　辅料、软件、厚、硬、假

1. 这种面料不能加工服装，太薄了。

2. 不骗你，他说的全是真的。

3. 样品的主料，由贵方提供。

4. 我厂刚进口了一批硬件设备。

5. 在管理上，我认为不能太软了。

四、整理句子：

Rearrange the given words into a sentence:

1. 原料、提供、来料加工、如果、搞、由、谁、来

2. 零部件、提供、成品、组装、委托方、要求、加工方、由、按

3. 样品、图纸、产品、负责、提供、谁、的、和

4. 标准、规定、超过、残次品、能、不、率、的

164

5. 签订、合同、我们、来样加工、了、份、一

五、用指定结构或词语改写句子：

Rewrite the following sentences with the given words or constructions：

1. 还有几个问题需要商量，明天再接着谈吧。（……，要不……）

2. 我去北京，打算寻找一个合作伙伴。还想看看朋友。 （……，一是 ……，二是……）

3. 原料运到后，我们马上开始加工。（只要……就……）

4. 中村先生打算去一家乡镇企业参观。（复指主语）

5. 这位是我们公司的经理。（复指宾语）

六、思考题：

Questions for thinking：

1. 对外加工贸易，通常包括哪几种类型？

2. 在洽谈对外加工装配业务时，会涉及到哪些问题？

第二十四单元　请进来，走出去

概括的表达方式

1. 这只有天知道了。一句话，耐心等吧。

2. 总之，就是想干点自己想干而又能干的事。

3. 由此可见，你这次让我去西安，主要是为了解决你的资金和技术问题。

4. 一般来说，西北地区的投资环境不如东南沿海地区好，但发展潜力大。

5. 总而言之，投资大，利润多，当然风险也大。

6. 总之一句话，我希望我们合作生产电冰箱的项目，能顺利签订合同。

7. 如果以上问题解决了，我们就可以签订一份合作意向协议书。

8. 总的来看，这儿的环境可比市区好多了，空气新鲜，污染少，绿化也不错。

9. 总体来说，在国际直接投资中，经济发达国家投资的比例较大。

10. 上述内容，我们有材料专门介绍，回头送您一套。

会　话　1

（在首都机场的候机大厅内）

广　播：女士们，先生们，很抱歉地通知大家，由于能见度差，各次航班不能按时起飞，起飞时间我们将另行通知。

166

安德烈：这么大的雾，什么时候能散呢？

郑国勇：这只有天知道了。一句话，耐心等吧。

安德烈：唉，既来之，则安之。走，到那边喝杯咖啡去。

郑国勇：好吧。也只好这样打发时间啦。

（在候机厅的酒吧）

安德烈：郑先生，你和赵小姐回国后，就一直从事畜牧业的工作吗？

郑国勇：说来话长了。开始我们在西安MA公司干了3年，后来舍不得专业，又回了科研所。5年前，我们又一起到了郊区搞起畜牧业。总之，就是想干点自己想干而又能干的事。

安德烈：中国不是常说"人往高处走，水往低处流"吗，你们怎么会作出这种选择呢？

郑国勇：您也知道，我们俩都是农大毕业的，而且是土生土长的陕西人。要想加快西部的农村经济发展，除了发展高科技外，靠天吃饭是没有出路的。

安德烈：对了，前几天，我看电视，好像中国政府正大力提倡山区农村退耕还林，发展养殖业。

郑国勇：是的。发展林业，是为了改善生态环境；而以牧养农，才是致富的路。

安德烈：这个思路不错。农副产品搞深加工，是加快经济发展的有效方法。郑先生，这也是你兴办合资企业的目的吧？

郑国勇：可以这么说。但由于缺少资金和技术，发展并不理想。

安德烈：由此可见，你这次让我去西安，主要是为了解决你的资金和技术问题。

郑国勇：不全是吧？实际上，这也是两厢情愿的事儿。

安德烈：这话怎讲？

郑国勇：据我所知，贵方一直在物色合资对象，打算在中国投资兴办企业，共同开发奶制品。

安德烈：但在什么地方投资，我一直举棋不定。

郑国勇：正因为这样，我才想帮你下个决心。一般来说，西部地区的投资环境不如东南沿海地区好，但发展潜力大。

安德烈：这我同意。而且中国政府也加大了西部地区的投资力度，今后的发展速度会越来越快。

郑国勇：是的。再说，在西安地区，我有一个大的奶牛场，存栏奶牛达5000多头，可以提供足够的、最好的加工原料。

安德烈：那么，我想问一下，外商投资的比例有限制吗？

郑国勇：上限没有规定，但最低投资比例是25%。

安德烈：那贵方打算以什么方式投资呢？

郑国勇：我们打算以厂房、土地和原料作为投资方式。

安德烈：如果我方提供设备和技术，能折合多少股份？

郑国勇：这要根据作价后金额来折算。总而言之，投资大，利润多，当然风险也大。

安德烈：那是，利益和风险共存嘛。这样吧，实地考察后我们再商量这事，你看呢？

郑国勇：好，就这么定了。

生 词 New Words

1. 女士	（名）	nǚshì	lady
2. 能见度	（名）	néngjiàndù	visibility
3. 起飞	（动）	qǐfēi	to take off
4. 另行	（形）	lìngxíng	separately; later
5. 雾	（名）	wù	fog
6. 耐心	（形/名）	nàixīn	patient; patience
7. 打发	（动）	dǎfā	to spend; to kill (time)
8. 从事	（动）	cóngshì	to engage in
9. 候机厅		hòujītīng	airport lounge; waiting room
10. 畜牧业		xùmùyè	animal husbandry
11. 科研	（名）	kēyán	scientific research
12. 所	（名）	suǒ	institute
13. 郊区	（名）	jiāoqū	surburb
14. 高科技		gāokējì	high technology
15. 出路	（名）	chūlù	way out
16. 退耕还林		tuì gēng huán lín	to convert the land for forestry
17. 养殖业	（名）	yǎngzhíyè	aquaculture
18. 林业	（名）	línyè	forestry
19. 生态	（名）	shēngtài	ecology
20. 致富		zhìfù	to become rich
21. 思想	（名）	sīxiǎng	idea; thought

168

22. 农副产品		nóngfùchǎnpǐn	agricultural and sideline products
23. 深加工		shēnjiāgōng	to process deeply
24. 兴办	（动）	xīngbàn	to set up; to initiate
25. 加大		jiādà	to enlarge; to strengthen
26. 奶牛场		nǎiniúchǎng	dairy
27. 存栏	（动）	cúnlán	livestock on hand
28. 足够	（形）	zúgòu	enough
29. 比例	（名）	bǐlì	proportion
30. 上限	（名）	shàngxiàn	upper limit
31. 厂房	（名）	chǎngfáng	factory building
32. 土地	（名）	tǔdì	land
33. 折	（动）	zhé	to convert
34. 折算	（动）	zhésuàn	to convert
35. 股份	（名）	gǔfèn	share; stock
36. 作价	（离）	zuò jià	to evaluate; to fix a price for
37. 共	（副）	gòng	together
38. 存	（动）	cún	to exist

专 名 Proper Nouns

1. 西安	Xī'ān	a city in Shaanxi Province in Northwest China
2. 陕西	Shǎnxī	a province in Northwest China
3. 首都机场	Shǒudū Jīchǎng	Beijing Capital Airport
4. 郑国勇	Zhèng Guóyǒng	name of a person

注 释 Notes

1. 天知道

习惯说法。表示不知道或无法知道。如：

The idiomatic expression 天知道 means "God knows."

(1) A：这么大的雨，什么时候能停啊？

　　B：天知道。

(2) A：蒋先生，沈力怎么被炒鱿鱼啦？

　　B：天知道。不过我劝你少管闲事。

2．既来之，则安之

成语。意思是"既然来了，就安下心来。"常用来劝说他人或自我表示无奈。如：

This idiom means "Since we are here, we may as well stay and make the best of it." It is often used to soothe others or to point out that there is no choice.

(1) 别着急啦，既来之，则安之嘛。

(2) 既来之，则安之。只能耐心等待啦。

3．说来话长

固定词组。意思是"要想知道事情的来龙去脉，一两句话说不清楚，需从开头说起"。常用在谢绝回答某事物时，或用在开始叙述以往事物之前。如：

This idiom means "It's a long story to tell." It is often used in a refusal to tell something or before the narration of something.

(1) A：赵先生，您为什么选择 NB 公司发展自己的事业呢？

B：说来话长啦，一两句话说不清楚。请原谅。

(2) 要说我为什么下海经商，说来话长了。那是……

4．舍不得

固定词组。表示"很爱惜，不忍放弃或离开，不愿意使用或处置"。相反的是"舍得"。如：

This phrase means "hate to part with or use." The opposite is 舍得.

(1) 出国前，我真舍不得离开他们。

(2) 这是他送我的笔，从来舍不得用。

(3) 把它扔了，我还真有点舍不得。

(4) 在学习上他舍得下功夫。

5．人往高处走，水往低处流

俗语。意思是"人总是追求进步，向往幸福的"。常用在责备或同意某一事物时。如：

This common saying means "Man always pursue progress and happiness." It often occurs in reproach or agreement.

(1) 俗话说，"人往高处走，水往低处流"，可他经理不当，非要去搞软件开发。

(2) A：我看小王的选择是正确的。

B：可不。人往高处走，水往低处流嘛。

6. 由此可见

固定词组。表示"根据以上叙述，进一步说明或加以总结"。如：

This phrase means "thus it can be seen...."

(1) A：你也知道，王经理一回来就把那个问题解决了。

   B：由此可见，他的能力非同一般。

(2) A：那儿的环境污染很厉害，连草都不长。

   B：是吗？由此可见，只有保护好环境，才能发展经济。

7. 两厢情愿

成语。意思是"双方都愿意或同意"。相反的是"一厢情愿"。如：

This idiom means "both parties are willing." The opposite is 一厢情愿.

(1) A：听说那两个公司合并了。

   B：这有什么奇怪的，两厢情愿嘛。

(2) A：张总，与外商合资的事怎么还没谈成？

   B：这是两厢情愿的事，不能一厢情愿啊。

8. 举棋不定

成语。比喻做事犹豫不决，或遇到重大问题难以下定决心。如：

This idiom means "hesitant" or "unable to make up one's mind in face of an important matter."

(1) 瞻前顾后，举棋不定，会错过好机会的。

(2) 到底以哪种形式投资，他一直举棋不定。

练 习 Exercises

一、根据《会话1》的内容，回答下列问题：

Answer the following questions according to Dialogue 1:

1. 为什么飞机没有按时起飞？

2. 安德烈去西安干什么？

3. 在中国，对外商的投资比例有什么限制？

4. 如果合资兴办企业，双方打算以什么方式投资？

5. 外商投资的设备和技术，怎么折合成股份？

二、选择下列词语填空：

Fill in the blanks with appropriate words given below：

　　总而言之、说来话长、舍不得、一句话、总之

1.（　　），不论干什么事，都要从实际出发。

2.我认为，不管干什么事都要认真，（　　），要干就要干好。

3.别说那么多理由啦，（　　），去不去？

4.这事（　　）了，以后有时间再说吧。

5.该花的钱就一定要花，不能（　　）。

三、填写适当的词语：

Fill in the blanks with appropriate words：

1.加快_____   2.改善_____   3.兴办_____

4.缺少_____   5.打发_____   6.投资 _____

会　话　2

（在北京音乐厅，幕间休息）

艾德华：吴先生，临行前，能欣赏一台高水平的中国民族音乐，真要感谢您
　　　　的周到安排。

吴春光：不客气。您本来就是一位中国通嘛。

艾德华：这可谈不上。虽说对中国的历史和文化略知一二，但对音乐，特别
　　　　是中国民族音乐，我可是一窍不通。

吴春光：您太谦虚了。民族音乐虽然是一个民族文化的结晶，但音乐是没有
　　　　国界的。通过音乐，可以增加相互了解。

艾德华：您说得非常好。其实，我以前就看过戏剧电影《梁山伯与祝英台》，
　　　　主人公的爱情故事深深地打动了我。

吴春光：是啊。东方有梁山伯和祝英台，西方有罗密欧与朱丽叶，尽管国情
　　　　不同、肤色不同，但爱情这一主题都是永恒的。

艾德华：是的。虽然我们的宗教信仰和社会制度不同，但这并不影响我们之
　　　　间的合作与交流。

吴春光：说得对。随着国际经济一体化的不断发展，相互之间的交流与合作
　　　　会越来越多。

艾德华：可不。对发展中国家来说，更是这样。

吴春光：是的。发展中国家要想改变自己经济落后的现状，必须取长补短，

172

互通有无。

艾德华：总之一句话，我希望我们合作生产电冰箱的项目，能顺利签订合同。

吴春光：我们也有同样的愿望。

艾德华：吴先生，有一件事我不太清楚。不知贵方为什么希望合作期限是五年，而不是更长一些呢？

吴春光：是这样，主要是考虑到我们是第一次到贵国投资，经验不多，合作期限短一些比较保险。当然，如果合作顺利，五年以后，我们希望以合资的方式继续开发新产品。

艾德华：如果是这样，那就太好了。对产品的销售地区，我们还有一点保留意见。

吴春光：没关系，我们可以再商量。但有些问题近期就要解决。

艾德华：哪方面的问题呢？

吴春光：一个是，近年来贵国对外来投资的政策都有哪些新变化？比如税收和外汇管理等。

艾德华：需要书面材料吗？

吴春光：是的。另一个问题是，如果我们以合作经营的方式投资，各方的投资物都不作价，合作双方是按合同规定的比例分配利润还是分配产品呢？

艾德华：这个问题我们也很关心，那贵方的意见呢？

吴春光：我们希望按双方协商的比例分配利润。

艾德华：对不起，这个问题我无权作主，需由董事会来决定。

吴春光：那好，我等您的消息。如果以上问题解决了，我们就可以签订一份合作意向协议书。

艾德华：好的。我们会尽快办的。

生 词 New Words

1. 幕间	（名）	mùjiān	interval
2. 欣赏	（动）	xīnshǎng	to appreciate
3. 中国通	（名）	zhōngguótōng	an old China hand
4. 虽说	（连）	suīshuō	though
5. 略	（副）	lüè	a little
6. 谦虚	（形）	qiānxū	modest; self-effacing
7. 结晶	（名）	jiéjīng	crystallization; fruit; product

8. 国界	（名）	guójiè	national boundaries
9. 戏剧	（名）	xìjù	opera; theater
10. 主人公	（名）	zhǔréngōng	protagonist; hero or heroine
11. 打动	（动）	dǎdòng	to move; to touch
12. 肤色	（名）	fūsè	color of skin
13. 主题	（名）	zhǔtí	theme; subject
14. 永恒	（名）	yǒnghéng	eternity
15. 宗教	（名）	zōngjiào	religion
16. 信仰	（名）	xìnyǎng	belief
17. 制度	（名）	zhìdù	system
18. 交流	（动/名）	jiāoliú	to exchange; exchange
19. 一体化	（名）	yìtǐhuà	to become an organic whole; integration
20. 现状	（名）	xiànzhuàng	present situation
21. 互通		hùtōng	to exchange
22. 近期	（名）	jìnqī	recent days
23. 分配	（动）	fēnpèi	to distribute
24. 作主	（离）	zuò zhǔ	to decide; to take the responsibility for a decision
25. 上报	（动）	shàngbào	to report to a higher body
26. 意向	（名）	yìxiàng	intention; purpose

专 名 Proper Nouns

1. 北京音乐厅	Běijīng Yīnyuètīng	Beijing Music Hall
2. 梁山伯与祝英台	Liáng Shānbó Yǔ Zhù Yīngtái	*Butterfly Lovers*, a Chinese traditional love story
3. 罗密欧与朱丽叶	Luómì'ōu Yǔ Zhūlìyè	*Romeo and Juliet*
4. 艾德华	Àidéhuá	Edward
5. 吴春光	Wú Chūnguāng	name of a person

注　释　Notes

1．中国通

习用语。形容对中国的各个方面都比较了解的外国人。常用来称赞对方。如：

中国通, often used in a compliment, refers to a foreigner who knows China and Chinese things well.

(1) A：听朋友说，你是个中国通。

　　 B：过奖了。

(2) 他对中国的情况了解得不少，快成中国通了。

2．略知一二

固定词组。比喻知道得不多或很少。有时用来表示自谦。如：

This phrase, sometimes used to show modesty, means "have a smattering of . . . ."

(1) 我认为，搞研究工作，不能略知一二就随便下结论。

(2) A：你对中国的历史和文化，看来是很有研究嘛。

　　 B：过奖了。我只是略知一二。

3．一窍不通

成语。比喻对某事一点也不懂。有时用来表示自谦。如：

This idiom, sometimes used to show modesty, means "know nothing of something."

(1) 对中国的民俗，我可是一窍不通。

(2) 我对这方面一窍不通，请各位今后多关照。

(3) 不用担心，他对这方面一窍不通。

4．取长补短

成语。意思是"吸取别人的长处来弥补自己的短处"。如：

This idiom means "draw on the strong points of others to make up for one's own weak points."

(1) 这两个人各有所长，在一起工作可以取长补短。

(2) 采用合资或合作方式，是取长补短的好办法。

5．互通有无

固定词组。意思是相互交换。如：

175

This phrase means "exchange."

(1) 在对外贸易中，我们一直坚持"平等互利、互通有无"的原则。

(2) 互通有无是发展进出口贸易的基础。

6. 总而言之

固定词组。表示"总起来说"；"总之"。如：

This phrase means "in a word."

(1) 总而言之，要主动，不要被动。

(2) 大的、小的、方的、圆的，总而言之，各种形状的都有。

练 习 Exercises

一、根据《会话 2》的内容，回答下列问题：

Answer the following questions according to Dialogue 2：

1. 你认为艾德华是个中国通吗？

2. 中方打算在哪儿兴办中外合资企业？

3. 中方为什么希望合作期限是五年呢？

4. 中方希望尽快了解哪几方面的情况？

5. 双方能够马上签订一份合作意向协议书吗？

二、选择下列词语填空：

Fill in the blanks with appropriate words given below：

总之一句话、谈不上、以上、其实、更

1. 对不起，（　　　）所谈的内容，需由董事会来决定。

2. 我认为这样决定，（　　　）有利于双方的合作。

3. 老实说，对这个问题我只是略知一二，（　　　）了解。

4. 也许你不知道，（　　　）他对中国的税收政策非常了解。

5. 我认为，合作对象无论是谁，（　　　），只要有诚意，就能成功。

三、填写适当的词语：

Fill in the blanks with appropriate words：

1. 分配_____   2. 签订_____   3. 保留_____

4. 改变_____   5. 税收_____   6. 合作_____

会　话　3

（在 B 市经济开发区管委会门前）

王新：欢迎，欢迎您来开发区参观！

马丁：（握手）谢谢您的邀请。总经理让我代他向您问好。

王新：谢谢。也请您代我向他问好。

马丁：一定。欢迎您明年去旧金山。

王新：谢谢。马丁先生，您是头一回来开发区，为了对开发区有个总体印象，先坐车走马观花地看一下，您看好吗？

马丁：好的。我们是从四环路进入开发区的，这儿离市区不远。

王新：是的。这里的交通很方便。请，请上车。

马丁：谢谢。

（在轿车里）

王新：您看，前方那座白色的楼，是加拿大商人投资兴办的医院。

马丁：这边是住宅区吧？

王新：是的。别墅、公寓都有。你看，南边的这几栋楼，分别是学校、商店、娱乐中心什么的。

马丁：配套设施很齐全嘛。总的来看，这儿的环境可比市区好多了，空气新鲜，污染少，绿化也不错。

王新：是的。从建设初期我们就注意了这个问题。俗话说："没有梧桐树，引不来金凤凰。"

马丁：那是。只有保护好环境，才能更好地发展经济。

王新：是的。贵方在中国投资建药厂，对周围环境的卫生要求很高。如果把厂址选在我们这儿，还是比较理想的。

马丁：是的，这里的环境的确不错。

王新：（向司机）向右拐，我们到生产区看一下。

马丁：王先生，开发区的国外投资商，主要来自哪些国家和地区？

王新：除港澳台以外，多数是美、日或欧盟国家的商人。

马丁：总体来说，在国际直接投资中，经济发达国家的投资比例较大。

王新：是这样。投资初期，不少跨国公司都是以独资形式来投资的。

马丁：我们也打算以这种形式来投资。所以我想了解一下这儿的土地出让价格。

王新：一般来说，每平方米的价格是根据土地出让年限来计算的。

马丁：住宅用地和生产用地的价格有所不同吧？

王新：是的。如果有投资意向的话，还要具体协商。

马丁：那标准厂房的租赁价格呢？

王新：价格标准也不同。

马丁：还有税收政策、投资手续等问题，也要请王先生介绍一下。

王新：没问题。上述内容，我们有材料专门介绍，回头送您一套。

马丁：谢谢。如果有不清楚的问题，可以向您咨询吗？

王新：当然可以。你看，这是中日合资的电器有限公司，那是中美合作经营
　　　的食品厂。

马丁：噢。除三资企业外，也有大陆企业在此投资建厂吧？

王新：有的。马丁先生，下面我们到开发区的展览厅看一看，这样可以进一
　　　步了解这儿的投资情况。

马丁：好的，谢谢您的安排。

王新：不客气。(车停在管委会的门口)请——

马丁：谢谢。

生　词　New Words

1. 总体	(名)	zǒngtǐ	general
2. 白色	(名)	báisè	white
3. 住宅	(名)	zhùzhái	residence
4. 区	(名)	qū	area
5. 别墅	(名)	biéshù	villa
6. 公寓	(名)	gōngyù	appartment
7. 娱乐	(名/动)	yúlè	entertainment, recreation; to amuse
8. 绿化	(动)	lǜhuà	to afforest; to make green by planting trees, flowers, etc.
9. 建设	(动/名)	jiànshè	to construct; construction
10. 初期	(名)	chūqī	early days; initial stage
11. 梧桐	(名)	wútóng	Chinese parasol
12. 引	(动)	yǐn	to attract
13. 金		jīn	gold; golden
14. 凤凰	(名)	fènghuáng	phoenix

178

15. 拐	（动）	guǎi	to turn
16. 直接投资		zhíjiē tóuzī	direct investment
17. 跨国公司		kuàguó gōngsī	multinational corporation
18. 多数	（名）	duōshù	majority
19. 出让	（动）	chūràng	to sell
20. 平方米	（量）	píngfāngmǐ	square meter
21. 年限	（名）	niánxiàn	fixed number of years
22. 租赁	（名/动）	zūlìn	lease; to rent
23. 上述	（名）	shàngshù	the above
24. 食品	（名）	shípǐn	food
25. 三资企业		sānzī qǐyè	joint venture, cooperative venture and wholly foreign venture
26. 大陆企业		dàlù qǐyè	China's mainland enterprises
27. 进一步		jìnyíbù	further

专 名 Proper Nouns

1. 管委会	Guǎnwěihuì	management committee
2. 王新	Wáng Xīn	name of a person
3. 四环路	Sìhuán Lù	Sihuan Road
4. 港澳台	Gǎng Ào Tái	Hong Kong, Macao and Taiwan

注 释 Notes

1. 走马观花

成语。比喻粗略地观察事物。也说"走马看花"。如：

This idiom means "take a brief look at". It can also be said as 走马看花.

（1）那天时间太紧，只是走马观花地看了看，详细情况还不太了解。

（2）这么快就看完了，走马观花能看出点什么来？

2. 总的来看

插入语。表示要对上文进行概括，其后是说话人的结论或看法。也说"总体来说"、"总的来说"。如：

总的来看，with the speaker's opinion or conclusion after it, is a parenthesis introducing the summarization of what is said before. Other expressions to the same effect are 总体来说 and 总的来说.

(1) 总的来看，开发区的发展速度是快的。

(2) 总体来说，开发区应吸引科技含量高的企业来投资。

3. 没有梧桐树，引不来金凤凰

俗语。比喻条件不好，就没有人愿意来；或者说只要条件好，就会有人来。如：

This common saying means that nobody is willing to come if the conditions are unsatisfactory or people will come so long as the conditions are attracive.

(1) A：我认为，要想吸引外商来投资，就必须改善投资环境。

   B：是的，没有梧桐树，引不来金凤凰嘛。

(2) 俗话说，"没有梧桐树，引不来金凤凰"。只有保护好环境，加强基础设施建设，才会有更多的人来投资。

4. 一般来说

插入语。表示"除了特殊情况以外，普遍存在的情况"；"一般地讲"。如：

This parenthesis means "generally speaking."

(1) 一般来说，投资比例越大，分配的利润越多。

(2) 一般来说，投资初期，跨国公司都是以独资形式来投资的。

(3) 一般来说，外商都喜欢到环境好的地方去投资。

练　习　Exercises

一、根据《会话3》的内容，回答下列问题：

Answer the following questions according to Dialogue 3：

1. 马丁先生为什么去开发区参观？

2. 在开发区内，都有哪些配套设施？

3. 马丁先生打算以什么形式投资？

4. 马丁先生对哪些问题感兴趣？

5. 到开发区投资的都是来自哪些地区和国家的？

二、选择下列词语填空：

Fill in the blanks with appropriate words given below：

　　　进一步、多数、分别、回头、为了

1. 这事我们（　　）再谈吧。

2.我想（　　）了解那儿的情况。

3.我们（　　）参观了三家合资企业。

4.董事会成员（　　）反对这个计划。

5.（　　）尽快办好投资手续，我又与王主任谈了一次。

三、填写适当的词语：

Fill in the blanks with appropriate words：

1.配套_____　　2.空气_____　　3.合作_____

4.出让_____　　5.投资_____　　6.直接_____

综合练习　Comprehensive Exercises

一、选择画线字的正确读音：

Choose the right phonetic transcription of the underlined part：

1.实际上（shàng/shang）　2.污染（rǎn/yǎn）　3.影响（yǐng/yǐn）

4.进一步（yí bù/yi bu）　5.利润（rùn/yùn）　6.结晶（jié/jiē）

7.舍不得（bùdé/bude）　8.考虑（lì/lǜ）　9.肤色（fú/fū）

二、填写适当的量词：

Fill in the blanks with appropriate measure words：

栋、套、回、台、家

1.那（　　）楼是我们的生产车间。

2.这（　　）音乐会演得不错。

3.我是头一（　　）参观开发区。

4.他们进口了一（　　）机器设备。

5.我打算在华投资兴办一（　　）奶制品加工厂。

三、填写适当的补语：

Fill in the blanks with appropriate complements：

起来、起、一下、上、好

1.他什么也没说，站（　　）就走了。

2．这事可以向王先生咨询（   ）。

3．说（   ）这事，还有一段故事呢。

4．我来这儿投资，看（   ）的就是这儿的环境好。

5．我已经跟对方说（   ）了，明天上午就把材料送来。

四、整理句子：

Rearrange the given words into a sentence：

1．职业、从事、什么、以前、你

2．环境、地区、投资、西部、改善、所、有、的

3．设施、齐全、配套、开发区、很、的

4．多少、出让、土地、年限、长、是、最、年

5．深加工、农副产品、致富、路、搞、是、条、的、一

五、用指定结构或词语改写句子：

Rewrite the following sentences with the given words or constructions：

1．麻烦您问杨经理好。（代……向……问好）

2．您看呢？我们希望用厂房和原料来投资。（以……作为……）

3．对方希望提高一点投资比例。（有＋所……）

4．总起来说，搞这个开发项目会有很多困难。（总而言之）

5．我向约翰先生介绍了两个方面的情况，是税收和外汇管理方面的。（一个是……，另一个是……）

六、思考题：

Questions for thinking：

1．外商投资企业（三资企业）包括哪几种类型？

2．如果投资兴办三资企业，双方可能会洽谈哪些内容？

练习答案

第十三单元　从实际出发

会话 1

一、根据《会话1》的内容，回答下列问题：

1. 不太好。

2. 以便根据气象变化来预测市场需求。

3. 羊绒大衣和羽绒服。

4. 为了赶在销售旺季之前。

5. 运输成本低一些；装运时间不够及时；运送时间长一些。

二、选择下列词语填空：

1. 几乎　　2. 谁　　3. 赶不上　　4. 过奖　　5. 再说

三、填写适当的词语：

1. 服务　　2. 资料　　3. 参考　　4. 旺季　　5. 舱位　　6. 成本

会话 2

一、根据《会话2》的内容，回答下列问题：

1. 头疼病怎么治疗更好。

2. 即期 D/P 托收方式。

3. 用户。

4. 部分货物改成其他型号；加班生产，所需费用由进口商承担。

5. 根据加班所需要的时间来计算。

二、选择下列词语填空：

1. 不大　　2. 不得　　3. 没事儿　　4. 看我　　5. 不要紧

三、填写适当的词语：

1. 意见　　2. 设计　　3. 日期　　4. 型号　　5. 交货　　6. 生产

会话 3

一、根据《会话3》的内容，回答下列问题：

1. 锻炼身体；节约能源；保护环境，行动方便。

2．道路建设满足不了轿车发展的需要；空气污染较重。

3．销售市场在那一带。

4．它是天然不冻港，交货时间比较灵活。

5．增加内陆运费，影响零售价格。

二、选择下列词语填空：

1．要说　　2．相比之下　　3．不如　　4．比　　5．更

三、填写适当的词语：

1．能源　　2．需要　　3．发展　　4．市场　　5．价格　　6．运输

综合练习

一、选择画线字的正确读音：

1．qǐ lái　　2．jī　　3．bìng　　4．bu　　5．jūn

6．chā　　7．děi　8．róng　　9．chu

二、填写适当的量词：

1．件　　2．片　　3．辆　　4．台　　5．架

三、填写适当的补语：

1．成　　2．到　　3．好　　4．上　　5．住

四、整理句子：

1．班机运费比包机的贵一些。

2．装船日期改到4月上旬了。

3．相比之下，这个问题更难解决。

4．我根本无法知道这个消息。

5．目的港在上海没有在青岛好。

五、用指定结构或词语改写句子：

1．我的轿车不如他的档次高。

2．购买私人住房的人一天比一天多了。

3．这两个港口的装卸条件没多少差别。

4．坐火车去天津比坐飞机更方便一些。

5．交货时间比原计划更早了。

六、思考题：

1．运输急需物资、季节性商品、鲜活产品等。

2．港口装卸条件；是否靠近销售市场；是否需要转船，等等。

第十四单元　原来是这样

会话1

一、根据《会话1》的内容，回答下列问题：

1. 不错。

2. 参观港口；了解集装箱运输情况。

3. 根据商品的等级不同来计算；拼装和整箱的运费也不同；有的按重量计算；有的按容积、体积来计算。

4. 中国是一个历史悠久、幅员辽阔的国家，各地方言差别较大。

5. 青岛港是中国五大港口之一，集装箱业务开展较早；港口平均水深20多米，万吨级货轮可以直接进入港口装卸货物。

二、选择下列词语填空：

1. 我说呢　2. 哦/啊　3. 哦/啊　4. 打交道　5. 惯

三、填写适当的词语：

1. 码头　2. 训练　3. 复杂　4. 港口　5. 货物　6. 标准/运费

会话2

一、根据《会话2》的内容，回答下列问题：

1. 他生活在日本北方，喜欢雪。

2. 用集装箱装运大豆；用麻袋装运成本高，而且易破损。

3. 采用多式联运。

4. 海运方式。

5. 数量增减条款。

二、选择下列词语填空：

1. 怪不得　2. 使　3. 关于　4. 说了半天　5. 怪不得

三、填写适当的词语：

1. 生意　2. 方式/货物　3. 方式　4. 幅度/部分　5. 货物　6. 价格

会话3

一、根据《会话3》的内容，回答下列问题：

1. 了解泰国大米在中国市场上销路不好的原因；洽谈出口大米一事。

2. 价格偏高；有假货进入市场。

3. 进口关税过高。

4．二者外形相似，米粒长而细，但品种和质量不同。

5．班轮运输。

二、选择下列词语填空：

1．拜访　　2．而　　3．好容易　　4．哦　　5．由于

三、填写适当的词语：

1．意见　　2．率　　3．水平　　4．市场　　5．一流　　6．运输

综合练习

一、选择画线字的正确读音：

1．sǎn　2．jīn　3．tou　4．pò　5．zhì　6．mai　7．shī　8．péi　9．hùn

二、填写适当的词语：

1．接近　　2．失去　　3．进展　　4．装卸　　5．结算

三、填写适当的形容词：

1．迅速　　2．一流　　3．正常　　4．可惜　　5．正规

四、整理句子：

1．我不太了解这条航线的情况。

2．大连港是中国五大港口之一。

3．我希望采用多式联运方式。

4．用班轮运输还是租船运输？

5．每隔两个月装运一次。

五、用指定结构或词语改写句子：

1．说了半天，咱俩的想法一样。

2．我说呢，原来你了解这方面的情况。

3．怪不得他走了，原来身体不大舒服。

4．由于计价标准不同，所以这两批货的运费也不同。

5．把下次洽谈的时间安排在5月中旬。

六、思考题：

1．空运；海运；陆运——铁路和公路运输；多式联运；邮政运输，等等。

2．货物的特点；运费的高低；需要的缓急；航线是否安全；装卸条件，等等。

3．上海港、大连港、秦皇岛港、天津港、青岛港、连云港、黄埔港、海口港等。

第十五单元　　人在衣裳马在鞍

会话1

一、根据《会话1》的内容回答下列问题：

1. 加工制作工艺；原料的好坏。

2. 刺激消费者的购买欲望；提高商品价格。

3. 包装图案与商品信息毫无关系。

4. 礼品盒上改印山水图案，并注上"中国红茶"的字样；在茶叶桶的一面注明"泡茶的方法"；配上希腊文。

5. 采用礼品式包装，每盒装两桶茶叶，净含量100克，毛重150克。

二、选择下列词语：

1. 没有不　　2. 准确地说　　3. 关键是　　4. 缺一不可　　5. 固然

三、填写适当的词语：

1. 纯正　2. 要求　3. 包装/数量　4. 欲望　5. 信息　6. 美观/别致

会话2

一、根据《会话2》的内容回答下列问题：

1. 开发新的包装材料。

2. 既可以回收再利用，又可以保护环境。

3. 纸质包装材料。

4. 纸质、塑料和纸铝箔包装材料；玻璃和金属包装材料。

5. 密封效果好，保质期长。

二、选择下列词语填空：

1. 非　　2. 大　　3. 悄悄　　4. 尤其　　5. 重中之重

三、填写适当的词语：

1. 人/客户　2. 环境　3. 使用　4. 材料/产品　5. 期　6. 材料

会话3

一、根据《会话3》的内容，回答下列问题：

1. 红色素多；固体含量高。

2. 软、硬两种包装：铁罐包装和塑料袋包装。

3. 增加一个撕开标志，并注上英文；要有条形码。

4. 净含量、条形码、保质期、生产日期、撕开标志等。

5. 这家工厂前年引进了一条自动化生产线，各车间采用流水作业；卫生条件好，产品质量也不错。

二、选择下列词语填空：

1. 最好　2. 决　3. 否则　4. 供不应求　5. 再好不过了

三、填写适当的词语：

1. 作业　2. 消毒　3. 技术/设备　4. 方便　5. 包装　6. 检验

综合练习

一、选择画线字的正确读音：

1. gōng.yìng　2. bú　3. piānr　4. lǜ.pǐn　5. sù
6. zhì　7. jué.bù　8. bù　9. jūn

二、填写适当的补语：

1. 一下　2. 出　3. 开　4. 上　5. 出来

三、找出句中相反或相对的词语：

1. 漂亮/难看　2. 厚/薄　3. 硬/软　4. 保护/破坏　5. 禁止/允许

四、整理句子：

1. 我厂生产的这种产品，目前供不应求。

2. 这种包装材料可以回收再利用。

3. 我打算进口一批瓶装速溶咖啡。

4. 我们工厂的生产是流水作业。

5. 我方希望采用新的内包装样式。

五、用指定结构或词语改写句子：

1. 这种包装材料固然不错，但我们缺少必要的技术和设备。

2. 虽说这种包装样式很别致，但成本太高。

3. 我认为，底色用浅绿色的，再好不过了。

4. 这决不是他设计的图案。

5. 消费者没有不喜欢这种内包装样式的。

六、思考题：

1. 内包装、小包装或零售包装。

2. 礼品式包装、易拉式包装、一次量包装、悬挂式包装、折叠式包装、喷雾式包装、携带式包装等等。

第十六单元 改天再说吧

会话 1

一、根据《会话1》的内容，回答下列问题：

1. 免烫的纯棉衬衫。

2. 通过张先生的引见。

3. 订购一批免烫全棉衬衫。

4. 满足不了他的要求/不能满足他的要求。

5. 用瓦楞硬纸板箱包装，每箱装2打，用胶带封口。

二、选择下列词语填空：

1. 至于　　2. 说真的　　3. 要是　　4. 再说吧　　5. 将

会话 2

一、根据《会话2》的内容，回答下列问题：

1. 甘肃一处文化遗址中，出土了一片距今约5000年的混凝土地面。

2. 袋装水泥有渗漏问题。

3. 集装袋不适合水泥的长途运输；装在集装袋内的袋装水泥相互挤压，造成渗漏。

4. 改变集合包装方式，采用集装箱运输。

5. 进口商。

二、选择下列词语填空：

1. 说是　　2. 看情况吧　　3. 可能　　4. 与　　5. 将

三、填写适当的词语：

1. 遗址　2. 文物　3. 价值　4. 电话/运输　5. 情况　6. 影响

会话 3

一、根据《会话3》的内容，回答下列问题：

1. 营养丰富，有助于身体健康的低度酒。

2. 为了满足不同消费者的需求。

3. 预付三分之一的货款；增加订购数量。

4. 如果供大于求，风险太大。

5. 他希望用纸板做内包装的衬垫；在单件包装上要印有"小心轻放"和"此端向上"的指示标志。

二、选择下列词语填空：
 1. 于　　2. 胜过　　3. 过　　4. 以便　　5. 这么说

三、填写适当的词语：
 1. 观念　　2. 丰富　　3. 销路　　4. 货款　　5. 敏捷　　6. 高手

综合练习

一、选择画线字的正确读音：
 1. hùn　　2. xiang　　3. lǚ　　　4. hāor　　5. yì
 6. sè　　7. bù　　8. sheng　　9. shi

二、填写适当的量词：
 1. 箱/瓶　　2. 袋/公斤　　3. 个、瓶/克　　4. 个/台　　5. 箱/打

三、填写适当的补语：
 1. 成　　2. 满　　3. 上　　4. 到　　5. 出

四、整理句子：
 1. 请问，用哪种材料做内包装的衬垫？
 2. 在单件包装上要印刷指示标志。
 3. 请问，集合包装采用哪种方式？
 4. 在运输包装的两侧刷写唛头。
 5. 进口商希望改变单件包装方式。

五、用指定结构改写句子：
 1. 要是采用瓶装，就要增加5%的包装费用。
 2. 要是有消息的话，请早点通知我方。
 3. 水泥渗漏，是包装材料不好造成的。
 4. 我想说的是，我希望能见王经理一面。
 5. 我们进口了一批原料，以便满足生产的需要。

六、思考题：
 1. 运输包装也叫外包装或大包装。运输包装分为两种：一是单件运输包装，如箱、袋、桶等；二是集合运输包装，如集装包、集装袋、托盘、集装箱等。
 2. 运输标志（唛头）指示标志、警告标志等。
 3. 出口商（卖方）。

190

第十七单元　祝您平安

会话 1

一、根据《会话1》的内容，回答下列问题：

1. 礼物/茶具。

2. 为安德烈送行；关于外商委托他们代办照相机投保一事，再与安德烈核对一下。

3. 确认了投保险别——航空运输险；以电汇方式支付保险费；用哪种货币支付保费；签订委托书。

4. 中保（中国人民保险公司）；太保（太平洋保险公司）；平安（平安保险公司）。

5. 竞争越来越激烈；通过竞争，提高保险服务水平；对加快开发新险种也有好处。

二、选择下列词语填空：

1. 请　　2. 让　　3. 来　　4. 代办　　5. 于

三、填写适当的词语：

1. 基本险　2. 附加险　3. 委托书　4. 范围　5. 竞争　6. 水平

会话 2

一、根据《会话2》的内容，回答下列问题：

1. 与"太保"有业务关系。

2. 平安险。

3. 因为三四月份，那条航线上常发生台风或暴雨，货物可能会因恶劣气候而造成部分损失。

4. 因为中方所报的 CIF 价中，保费是以平安险的费率来计算的。

5. 只有在投保一切险时，才能加保内陆险。

二、选择下列词语填写：

1. 只有　　2. 您是说　　3. 把　　4. 还有　　5. 而

三、填写适当的词语：

1. 材料　　2. 业务　　3. 保险/手续　　4. 危险　　5. 损失

6. 公司/范围/期限

会话 3

一、根据《会话 3》的内容，回答下列问题：

1. 想托司马少夫在北京帮他物色一位代销商。

2. 水渍险。

3. 一切险。

4. 在运输中，放在舱顶的货物常常被偷窃；放在舱底或靠近舱壁的货物容易沾水生锈。

5. 在增加订购数量的基础上，货款总额再上调 1%。

二、选择下列词语填空：

1. 记得　2. 不知　3. 不仅仅　4. 拜托　5. 给

三、填写适当的词语：

1. 对方　2. 对象　3. 舱壁/码头　4. 事故/险情　5. 水　6. 锈

综合练习

一、选择画线字的正确读音：

1. zì　2. cāng　3. qì　4. sǔn　5. yǔn　6. tiáo　7. zhì

8. yù　9. jù

二、填写适当的补语：

1. 到　2. 在　3. 下　4. 给　5. 一下

三、填写适当的词语：

1. 捎/话　2. 过/目　3. 签/字　4. 起草　5. 回/信

四、整理句子：

1. 贵方准备投保哪种险别？

2. 我方希望扩大保险责任范围。

3. 如果加保附加险，保费应由买方负担。

4. 进口商委托卖方代办投保手续。

5. 请把我们的决定转告给他。

五、用指定结构改写句子：

1. 让小李代办这件事。

2. 我明天见不到他，叫小王帮我问一下他吧。

3. 罗厂长把李小姐请来，是为了接待外商。

4. 这批货不仅仅数量大，而且交货时间也紧。

5. 虽说我不了解这个情况，但是可以帮你打听一下。

192

六、思考题：

    1. 基本险包括平安险（F·P·A）、水渍险（W·P·A 或 W·A）和一切险（ALL RISKS）；附加险包括一般附加险和特殊附加险。

    2. 一般附加险。

第十八单元　丑话说在头里

会话 1

一、根据《会话 1》的内容，回答下列问题：

    1. 为了保证货物的质量/以免途中变质。

    2. 零下 6 度左右。

    3. 屠宰和装运前，都要经过严格检疫，并出具商检证明。

    4. 复验权。

    5. 从货物卸离班轮日起，一周内有效。

二、选择下列词语填空：

    1. 没问题　2. 真的吗　3. 不一定吧　4. 以免　5. 怪

三、填写适当的词语：

    1. 温度　2. 检验　3. 商检证书　4. 复验权　5. 标准/合格　6. 变质

会话 2

一、根据《会话 2》的内容，回答下列问题：

    1. 家电产品。

    2. CCIB 定期派人到工厂抽样检查。

    3. 说明出口产品的质量是合格的。

    4. 因为外商已把 50% 的冰柜转售到中东地区。

    5. 不见得吧/不会吧/我没听错吧。

二、选择下列词语填空：

    1. 介意　2. 不见得　3. 不瞒您说　4. 难道　5. 等于

三、填写适当的词语：

    1. 检验　2. 证书/护照　3. 证书/文章　4. 中国市场

    5. 成功/证书　6. 申请

会话 3

一、根据《会话 3》的内容，回答下列问题：

    1. 郭志刚。

2．商检证书的种类；鉴定机构；检验标准；鉴定费用；索赔有效期。

3．如果到岸小麦发生残损情况，应如何处理。

4．CCIC；瑞士驻华 SGS 检验机构。

5．20 天。

二、选择下列词语填空：

　　1．将　　2．怪罪　　3．难道　　4．并　　5．就是

三、填写适当的词语：

　　1．证书/单据　　2．意见　　3．主意/计划　　4．机构/标准　　5．工作

　　6．鉴定/检验

综合练习

一、选择画线字的正确读音：

　　1．pǔ　　2．fù　　3．gé　　4．xialai　　5．cán　　6．chōu　　7．rèn

　　8．tiáo　　9．zhì

二、填写适当的量词：

　　1．批　　2．份　　3．家　　4．度　　5．类

三、填写适当的补语：

　　1．下来　　2．到　　3．清楚　　4．错　　5．一下

四、整理句子：

　　1．我方已邀请商检局派人来鉴定。

　　2．对方希望按生产国的标准进行鉴定。

　　3．叫出口商推迟检验的时间是不可能的。

　　4．我认为应该请双方派人来处理这件事。

　　5．我认为事情办得让对方满意就行了。

五、用指定结构或词语改写句子：

　　1．今后应该注意这方面问题，以免再发生这类事情。

　　2．为保险起见，我看应该再请专家检验一下。

　　3．就是你现在说得再好，也没人敢信了。

　　4．这箱苹果有 15 公斤，这怎么可能呢？

　　5．能那么简单吗？依我看，其中的原因很复杂。

六、思考题：

　　1．在出口国工厂检验；装运港检验；目的港检验；装运港检验重量和目
　　　　的港检验品质；装运地检验和目的地复验。

　　2．品质检验证书；重量/数量检验证书；卫生检验证书；残损检验证书；

194

产地证书——CERTIFICATE OF ORIGIn；价值证明书——CERTIFI-
CATE OF VALUE；等等。

第十九单元 好事还得多磨

会话1

一、根据《会话1》的内容，回答下列问题：

1. 因为"手表"的种类、档次不同，进口关税也有所区别。

2. 这类词指向不明确，容易产生误解。

3. 中英两种文本使用的词语难免有不同的地方，双方有时会因理解不同而发生争议。

4. 修改合同标的的品名，建议改为"品质凭卖方样品买卖"；合同正文采用中英两种文本打印；增加仲裁条款。

5. 仲裁地点；仲裁机构；仲裁费用；仲裁裁决的效力。

二、选择下列词语填空：

1. 竟然/居然　　2. 难免　　3. 竟然/居然　　4. 嘀　　5. 太巧了

三、填写适当的词语：

1. 合同　　2. 效率　　3. 误解　　4. 意见　　5. 费用　　6. 争议

会话2

一、根据《会话2》的内容，回答下列问题：

1. 开展电子商务活动；不可抗力事件的范围；当事人不能被免除责任的条件。

2. 在网上开展电子商务活动，如网上广告、网上订购等，使不少企业受益。

3. 由自然灾害和社会原因所引起的意外事故都包括在内。

5. 由于合同当事人自己的过失致使合同因不可抗力而不能履行，当事人就不能被免除责任。

二、选择下列词语填空：

1. 多亏　　2. 就　　3. 其实　　4. 属于　　5. 值得

三、填写适当的词语：

1. 方式　　2. 合同　　3. 责任　　4. 说明　　5. 交货　　6. 注意

会话3

一、根据《会话3》的内容，回答下列问题：

1. 商场举办拍卖会。

2. 由销售方起草；罗尔。

3. 只有在乙方没有支付到期货款的金额达到全部货款的四分之一时，甲方才有权请求对方支付到期以及未到期的全部货款或解除合同。

4. 分批交付的货物中，如果其中有一批不符合合同规定，乙方就有权就该批货物部分解除合同。

5. 没有；出口商希望再考虑一下。

二、选择下列词语填空：

1. 白   2. 咦   3. 太巧了   4. 要不是   5. 再三

三、填写适当的词语：

1. 拍卖会   2. 货款   3. 合同   4. 使用   5. 规定   6. 常规

综合练习

一、选择画线字的正确读音：

1. lǜ 2. lǚ 3. qi 4. cái 5. dàng 6. gù 7. sù 8. rèn 9. zhí

二、填写适当的量词：

1. 行/段   2. 趟   3. 份   4. 块   5. 场

三、填写适当的补语：

1. 极   2. 为   3. 明   4. 出来   5. 上

四、整理句子：

1. 太巧了，我也认为是这样。

2. 我们的运气还真不错。

3. 真没想到，他居然同意了。

4. 巧极了，我也想去那儿看看。

5. 我走的时候，他恰好回来了。

五、用指定结构或词语改写句子：

1. 真没想到，20年后我们竟然又见面了。

2. 值得高兴的是，我们又谈成了一笔买卖。

3. 要不是他帮忙，这事就办不成了。

4. 多亏了钱先生，要不我们还不认识呢。

5. 幸亏贵方提出来，不然我们是不会发现这个问题的。

六、思考题：

1. 合同、购货/售货确认书、信件、电报、电传、传真或电子邮件等。

2. 当事人的名称或者姓名与住所；标的的品名；数量；质量；价款或者报酬；履行期限，如交货时间等；履行的地点和方式，如交货地点、付款方式等；违约责任，如不交付价款或报酬，或质量不符合合同要求，或因不可抗力不能履行合同是否免除责任等；解决争议的办法，如是否提交仲裁，由哪个仲裁机构进行仲裁等。

第二十单元　责任在谁

会话1

一、根据《会话1》的内容，回答下列问题：

1. FOB。

2. 目前还不清楚。

3. 处理索赔；谈生意。

4. 无船接货。

5. 天津港务局的证明文件。

二、选择下列词语填空：

1. 看来　　2. 恐怕　　3. 对了　　4. 可能　　5. 最好

三、填写适当的词语

1. 提出　　2. 场地　　3. 研究　　4. 承担　　5. 意见　　6. 日期

会话2

一、根据《对话2》的内容，回答下列问题：

1. 缺少产地证明书。

2. 合同和信用证上没有写明。

3. 与T公司派来的委托人见面。

4. 索赔案。

5. 不知道。

二、选择下列词语填空：

1. 大概　　2. 可不　　3. 拜托　　4. 过两天　　5. 说不准

三、填写适当的词语

1. 依据　　2. 材料/文件　　3. 有　　4. 信息　　5. 问题　　6. 产生

会话3

一、根据《会话3》的内容，回答下列问题：

1. 解决遗留问题。

2. 可能是货物堆放位置不好。

3. 品质鉴定证明书。

4. 如因船方过失而造成的损失，保险公司拒绝理赔。

5. 一般附加险。

二、选择下列词语填空：

1. 那倒是　　2. 也好　　3. 过几天　　4. 说不定　　5. 说不准

三、填写适当的词语：

1. 理赔　　2. 能力　　3. 问题　　4. 齐全　　5. 礼物　　6. 责任

综合练习

一、选择画线字的正确读音：

1. zhāo　　2. hui　　3. fèn　　4. chu　　5. mai　　6. zhi　　7. gōng

8. zhuǎn　　9. zhuàn

二、填写适当的量词：

1. 个　　2. 批　　3. 份　　4. 笔　　5. 起

三、填写适当的补语：

1. 到　　2. 出　　3. 清楚　　4. 明　　5. 回来

四、整理句子：

1. 他可能托你办件事。

2. 向卖方提出索赔要求。

3. 责任在谁，现在还说不准。

4. 大概保险公司会接受理赔。

5. 品质证明书是处理索赔的依据。

五、用指定结构改写句子：

1. 由于没有证明材料，所以进口商不能向保险公司提出索赔要求。

2. 只要在保险责任范围以内，保险公司就接受理赔。

3. 从这些材料来看，就可以证明责任在船方。

4. 除了平安险以外，他们还加保了串味险。

5. 我们先谈生意，然后再去游览名胜古迹。

六、思考题：

1. 卖方、买方、保险人、承运人。

2. 向买方提出索赔，没有按期派船接货；向卖方提出索赔，商品品质不符合合同规定；向保险人提出索赔，在保险责任范围和期限内的损失；向承运人提出索赔，由于承运人的过失造成货物损失。

第二十一单元　东方不亮西方亮

会话1

一、根据《会话1》的内容，回答下列问题：

1. 堵车。

2. 需要客户确认。

3. 超过最低限度的三分之一。

4. 扩大代理地区；提高超额代理佣金率。

5. 提高超额代理佣金率。

二、选择下列词语填空：

1. 反正　　2. 我建议　　3. 能否　　4. 是否　　5. 您看怎样

三、填写适当的词语：

1. 发　　2. 率　　3. 地区　　4. 达到　　5. 商品　　6. 协议

会话2

一、根据《会话2》的内容，回答下列问题：

1. 欧阳思明。

2. 一般代理商。

3. 其他代理商经销。

4. 逐笔结算代理佣金；扩大代理地区；独家代理。

5. 没有。

二、选择下列词语填空：

1. 怎么样　　2. 难道　　3. 来着　　4. 最好　　5. 老实说

三、填写适当的词语：

1. 独家　　2. 种类　　3. 周转　　4. 系列　　5. 能力　　6. 材料

会话3

一、根据《会话3》的内容，回答下列问题：

1. 参观经济开发区；寻找合适的包销商。

2. 经营能力强；资信状况良好。

3. 在天津担任独家包销商。

4. 定销方式，即一般包销。

5. 为了尽快在天津市场上打开销路。

二、选择下列词语填空：

1. 吧   2. 要是   3. 我想   4. 要不然   5. 我有个主意

三、填写适当的词语：

1. 市场   2. 产品   3. 方式   4. 包销   5. 销路   6. 状况

综合练习

一、选择画线字的正确读音：

1. bu   2. biāo   3. shì   4. bu   5. tuī   6. rɑn   7. shǒu

8. shì   9. rán

二、填写适当的代词：

1. 这   2. 此   3. 本   4. 其他

三、填写适当的补语：

1. 一下   2. 完   3. 开   4. 一会儿   5. 起

四、整理句子：

1. 我们希望扩大代理销售地区。

2. 我们的资信是可靠的。

3. 代销商品要达到最低限额。

4. 我看采用定销方式比较好。

5. 我有个主意，增加包销商品的种类。

五、用指定结构改写句子：

1. 要是可以的话，我想再考虑一下。

2. 难道你相信他吗？

3. 只有包销协议到期后，才能讨论此事。

4. 无论你同意还是反对，都应该通知我们。

5. 我建议，后天先去广州，然后再去深圳。

六、思考题：

1. 代理或包销的期限和地区；代理或包销商品的种类和数量；代理佣金率；代理或包销的最低限额；包销商品的价格。

2. 例如：包销、代理、定销、加工贸易等。

200

第二十二单元 货比三家

会话1

一、根据《会话1》的内容，回答下列问题：

1. 打算购买大洋汽车零配件的专利技术。

2. 他们将在此地投资建厂，寻找配套企业。

3. 专有技术和商标使用权。

4. 因受方的过失；违反合同规定。

5. 专利技术、专有技术和商标使用权。

二、选择下列词语填空：

1. 无所谓　2. 免费　3. 两回事　4. 随时　5. 也就是说

三、填写适当的词语：

1. 情况　2. 技术　3. 企业　4. 保养/维修　5. 资料　6. 消息

会话2

一、根据《会话2》的内容，回答下列问题：

1. 一家。

2. 专家正在研究。

3. 10月初一次性交付。

4. 在出国考察前，中方要了解所有的情况。

5. 9月20日以前，分批交付技术资料和技术情报；分期支付咨询服务费。

二、选择下列词语填空：

1. 并　2. 缘故　3. 没错　4. 这好说　5. 也就是说

三、填写适当的词语：

1. 灵通　2. 竞争　3. 机会　4. 资料/情报　5. 时间/方式　6. 费用

会话3

一、根据《会话3》的内容，回答下列问题：

1. 不认识。

2. 寻找合适的合作生产伙伴。

3. 合作产品的销售范围；在中国合作生产的目的。

4. 担心中方的人造皮革加工技术达不到要求。

5. 由他们的董事会来决定。

二、选择下列词语填空：

1. 请教　2. 过奖了　3. 就行了　4. 简单地说　5. 可见

三、填写适当的词语：

1. 开发　2. 图纸　3. 成品　4. 范围　5. 机会　6. 培训/指导

综合练习

一、选择画线字的正确读音：

1. shén　　2. chóng　　3. miào　　4. xì　　5. fǎ　　6. gé　　7. qīng

8. gù　　　9. diào

二、填写适当的词语

1. 透漏　　2. 维修　　3. 转让　　4. 错过　　5. 返销

三、找出句中的反义词：

1. 好/差　2. 私人/国有　3. 减少 / 增加　4. 降低/提高　5. 涨/降

四、整理句子：

1. 关于转让专利技术和专有技术使用权的问题。

2. 许可合同期满后，可继续转让吗？

3. 以上问题应在咨询服务合同中写明。

4. 我方希望合作开发数字彩电。

5. 这样可以降低成本，增强竞争力。

五、用指定结构改写句子：

1. 尽管我们的技术水平不高，但是可以通过技术培训和技术指导来解决。

2. 由于资金的缘故，我们减少了进口的数量。

3. 这个计划好是好，但是要等到董事会通过后才能实行。

4. 我虽然无权决定此事，但是可以帮你问一下。

5. n 公司同意转让的不是商标使用权，而是专利使用权。

六、思考题：

1. 许可证贸易——Licensing；

工程承包——Project Contracting；

合作生产与开发——Co-Prcduction and Research；

技术咨询与服务——Technical Consulting Service and Assistance

2. 向中国有关部门申请注册，经批准后，外国人的专利技术才能受到中国专利法的保护；通过签订许可合同，外国人的专有技术才能受到中国合同法的保护。

第二十三单元　机不可失

会话 1

一、根据《会话1》的内容，回答下列问题：

1. 八十年代中期。

2. 硬件和软件都不过关。

3. 看看这儿的变化；加工一批西服。

4. 想了解中方的实际加工水平。

5. 双方将签订来料加工合同。

二、选择下列词语填空：

1. 各　　2. 倒　　3. 将　　4. 后来

三、填写适当的词语：

1. 场所　　2. 中心　　3. 需求　　4. 原材料　　5. 服装　　6. 快件

会话 2

一、根据《会话2》的内容，回答下列问题：

1. 电动玩具。

2. 色调和外形都很大方，反应灵敏。

3. 小火车和小飞机。

4. 来件装配电动玩具。

5. 成品销售、交货时间、定牌包装、加工费用。

二、选择下列词语填空：

1. 不敢当　　2. 由　　3. 是这样吗　　4. 来得及　　5. 从来

三、填写适当的词语：

1. 成品　　2. 灵敏　　3. 费用　　4. 兴趣　　5. 订单　　6. 名气

会话 3

一、根据《会话3》的内容，回答下列问题：

1. 鞋底的原料不过关。

2. 来样加工运动鞋。

3. 提供商标注册文件或证明。

4. 使用定牌商标；进口原料。

5.残次品率、工缴费的计算方法、成品交付条件等。

二、选择下列词语填空：

1.见笑　　2.见外　　3.这不假　　4.吓　　5.你看你

三、填写适当的词语：

1.加工　　2.条件　　3.原料　　4.商标　　5.球　　6.朋友

综合练习

一、选择画线字的正确读音：

1.yi　　2.tán　　3.hu　　4.suǒ　　5.qù　　6.xià　　7.cán

8.fang　　9.hè

二、填写适当的量词：

1.架　　2.节　　3.辆　　4.栋　　5.局

三、找出句中相对或相反的词：

1.厚/薄　　2.假/真　　3.辅料/主料　　4.软件/硬件　　5.硬/软

四、整理句子：

1.如果搞来料加工，由谁来提供原料？

2.由委托方提供零部件，加工方按要求组装成品。

3.谁负责提供产品的图纸和样品？

4.残次品率不能超过规定的标准。

5.我们签订了一份来样加工合同。

五、用指定结构或词语改写句子：

1.还有几个问题需要商量，要不明天再接着谈吧。

2.我去北京，一是打算寻找一个合作伙伴，二是想看看朋友。

3.只要原料运到，我们马上就开始加工。

4.中村先生，他打算去一家乡镇企业参观。

5.这位是我们公司的经理，罗伯特先生。

六、思考题：

1.来料加工、来样加工、来件装配。

2.关于提供原料、辅料、样品、图纸或零配件等问题；按什么标准加工
成品；关于残次品率或工缴费的计算标准；是否使用定牌商标；成品
交货时间；成品销售市场。

第二十四单元 请进来，走出去

会话 1

一、根据《会话1》的内容，回答下列问题：

1. 雾太大。

2. 考察投资环境，打算与中方兴办奶制品加工厂。

3. 投资比例最低是25%。

4. 中方：厂房、土地和原料；外商：设备和技术。

5. 根据作价后的金额来折算。

二、选择下列词语填空：

1. 总之　　2. 总而言之　　3. 一句话　　4. 说来话长　　5. 舍不得

三、填写适当的词语：

1. 发展　　2. 环境　　3. 企业　　4. 资金/技术　　5. 时间

6. 比例/方式/环境

会话 2

一、根据《会话2》的内容，回答下列问题：

1. 是。

2. 国外。

3. 在国外投资经验不多；希望五年后以合资方式继续合作。

4. 东道国对外商投资的各项政策；投资比例的分配方法。

5. 不能。

二、选择下列词语填空：

1. 以上　　2. 更　　3. 谈不上　　4. 其实　　5. 总之一句话

三、填写适当的词语：

1. 利润/产品　2. 协议书/合同　3. 意见　4. 现状　5. 政策　6. 期限

会话 3

一、根据《会话3》的内容，回答下列问题：

1. 打算来华投资建药厂，考察投资环境。

2. 医院、公寓、别墅、学校、商店、娱乐中心什么的。

3. 独资形式。

4. 厂址周围的环境是否符合卫生标准；土地出让价格；厂房租赁价格；

税收政策；投资手续。

5.香港、澳门、台湾、大陆；日本、美国、欧共体等。

二、选择下列词语填空：

1.回头　　2.进一步　　3.分别　　4.多数　　5.为了

三、填写适当的词语：

1.设施　　2.新鲜　　3.经营　　4.年限　　5.意向　　6.投资

综合练习

一、选择画线字的正确读音：

1.shang　　2.rǎn　　3.yǐng　　4.yí bù　　5.rùn　　6.jié

7.bude　　8.lǜ　　9.fū

二、填写适当的量词：

1.栋　　2.台　　3.回　　4.套　　5.家

三、填写适当的补语：

1.起来　　2.一下　　3.起　　4.上　　5.好

四、整理句子：

1.你以前从事什么职业？

2.西部地区的投资环境有所改善。

3.开发区的配套设施很齐全。

4.土地出让年限最长是多少年？

5.搞农副产品深加工，是一条致富的路。

五、用指定结构或词语改写句子：

1.麻烦您代我向杨经理问好。

2.我们希望以厂房和原料作为投资方式，您看呢？

3.对方希望投资比例有所提高。

4.总而言之，搞这个开发项目会有很多困难。

5.我向约翰先生介绍了两个方面的情况，一个是税收方面的，另一个是外汇管理方面的。

六、思考题：

1.中外合资经营企业（合资企业）；中外合作企业（合作企业）；外商独资企业（外资企业）。

2.投资方式、合作期限、利润分配、投资比例、税收政策、产品销售地区、外汇管理政策、土地出让和厂房租赁的价格，以及如何办理投资手续等等。

词 汇 总 表

A

鞍	（名）	ān	15.1
岸	（名）	àn	18.1
按摩	（名／动）	ànmó	13.2
案	（名）	àn	20.2

B

罢工	（离）	bà gōng	19.2
白	（副）	bái	19.3
白酒	（名）	báijiǔ	16.3
白色	（名）	báisè	24.3
败诉	（动）	bàisù	19.1
拜访	（动）	bàifǎng	14.3
拜托	（动）	bàituō	17.1
班机	（名）	bānjī	13.1
班轮运输		bānlún yùnshū	14.3
帮忙	（离）	bāng máng	19.3
包机	（名）	bāojī	13.1
包围	（动）	bāowéi	15.2
包销	（名／动）	bāoxiāo	21.3
饱	（形）	bǎo	14.2
保费		bǎofèi	17.1
保龄球馆		bǎolíngqiúguǎn	23.3
保留	（动）	bǎoliú	13.2
保险	（名／形）	bǎoxiǎn	17.1
保险凭证		bǎoxiǎn píngzhèng	17.1
保险市场		bǎoxiǎn shìchǎng	17.1
保养	（动）	bǎoyǎng	22.1
保质期		bǎozhìqī	15.2
报道	（动／名）	bàodào	23.1
抱歉	（形）	bàoqiàn	16.1
暴雨	（名）	bàoyǔ	17.2

207

北方	（名）	běifāng	14.2
比例	（名）	bǐlì	24.1
弊	（名）	bì	17.1
壁	（名）	bì	17.3
变质	（离）	biàn zhì	18.1
标的	（名）	biāodì	19.1
表明	（动）	biǎomíng	14.3
别墅	（名）	biéshù	24.3
别致	（形）	biézhì	15.1
冰	（名）	bīng	14.2
冰灯	（名）	bīngdēng	14.2
冰柜	（名）	bīngguì	18.2
玻璃	（名）	bōlí	15.2
补充	（动）	bǔchōng	18.3
不大	（副）	búdà	13.2
不冻港	（名）	búdònggǎng	13.3
不可抗力		bùkěkànglì	19.2
不愧		búkuì	16.3
不然	（连）	bùrán	19.2
不少	（形）	bùshǎo	13.3
不锈钢	（名）	búxiùgāng	15.3
不宜	（副）	bùyí	13.3
部件	（名）	bùjiàn	23.2
部位	（名）	bùwèi	15.3

C

财神	（名）	cáishén	22.2
裁决	（动）	cáijué	19.1
参考	（动／名）	cānkǎo	13.1
参与	（动）	cānyù	17.1
餐具	（名）	cānjù	15.2
残次品		cáncìpǐn	23.3
残损检验证书		cánsǔn jiǎnyàn zhèngshū	18.3

仓库	（名）	cāngkù	17.2
仓至仓		cāngzhìcāng	17.2
舱位	（名）	cāngwèi	13.1
操作	（动）	cāozuò	23.2
草案	（名）	cǎo'àn	19.2
草拟	（动）	cǎonǐ	21.1
茶叶	（名）	cháyè	15.1
差别	（名）	chābié	13.3
产地证明书		chǎndì zhèngmíngshū	20.2
长途		chángtú	16.2
常规	（名）	chángguī	19.3
厂房	（名）	chǎngfáng	24.1
场所	（名）	chǎngsuǒ	23.1
超过	（动）	chāoguò	13.2
超市		chāoshì	23.2
扯	（动）	chě	23.1
衬垫	（名）	chèndiàn	16.3
衬衫	（名）	chènshān	16.1
称呼	（动/名）	chēnghu	23.3
成分	（名）	chéngfèn	16.2
乘坐	（动）	chéngzuò	13.3
重新	（副）	chóngxīn	17.2
抽样	（动）	chōuyàng	18.2
丑话	（名）	chǒuhuà	18.1
出具	（动）	chūjù	18.1
出路	（名）	chūlù	24.1
出奇制胜	（成）	chūqí zhì shèng	19.3
出让	（动）	chūràng	24.3
出土	（动）	chū tǔ	16.2
初步	（形）	chūbù	22.3
初稿	（名）	chūgǎo	19.1
初期	（名）	chūqī	24.3
串	（动）	chuàn	20.3
创造	（动/名）	chuàngzào	16.2

纯正	（形）	chúnzhèng	15.1
词语	（名）	cíyǔ	19.1
此	（代）	cǐ	21.1
此端向上		cǐ duān xiàng shàng	16.3
刺激	（动/名）	cìjī	15.1
赐	（动）	cì	23.3
从来	（副）	cónglái	20.2
从事	（动）	cóngshì	24.1
从小	（副）	cóngxiǎo	14.2
粗	（形）	cū	23.2
促	（动）	cù	15.1
促销	（动）	cùxiāo	15.1
存	（动）	cún	24.1
存栏	（动）	cúnlán	24.1
错过	（动）	cuòguò	22.3

D

达到	（离）	dá dào	19.3
打	（动）	dǎ	16.1
打	（量）	dá	16.1
打动	（动）	dǎdòng	24.2
打发	（动）	dǎfa	24.1
打交道		dǎ jiāodao	14.1
打破	（动）	dǎpò	19.3
打印	（动）	dǎyìn	18.2
大方	（形）	dàfang	23.2
大力	（副）	dàlì	13.3
大量	（形）	dàliàng	15.2
大陆企业		dàlù qǐyè	24.3
大小	（名）	dàxiǎo	23.3
代	（动）	dài	17.1
代理	（动/名）	dàilǐ	21.1
代理商	（名）	dàilǐshāng	21.2

董事	（名）	dǒngshì	14.1
董事会	（名）	dǒngshìhuì	22.3
栋	（量）	dòng	23.1
独家包销		dújiā bāoxiāo	21.3
独家代理		dújiā dàilǐ	21.2
独资		dúzī	22.1
堵		dǔ	21.1
堆放	（动）	duīfàng	20.3
对手	（名）	duìshǒu	21.2
吨	（量）	dūn	14.1
多亏	（动/副）	duōkuī	19.2
多时	（名）	duōshí	21.1
多式联运		duōshì liányùn	14.2
多数	（名）	duōshù	24.3

E

鹅肝		égān	18.1
恶劣	（形）	èliè	17.2
耳目一新	（成）	ěr mù yìxīn	19.3

F

FOB			9.1
发	（动）	fā	13.1
发霉	（离）	fā méi	18.3
法定检验		fǎdìngjiǎnyàn	18.2
法院	（名）	fǎyuàn	19.1
番茄	（名）	fānqié	15.3
反应	（动/名）	fǎnyìng	23.2
反正	（副）	fǎnzhèng	21.1
返销	（动）	fǎnxiāo	22.1
方	（名）	fāng	18.3
方言	（名）	fāngyán	14.1

212

防	（动）	fáng	23.3
防止	（动）	fángzhǐ	18.1
放弃	（动）	fàngqì	22.2
费率		fèilǜ	17.2
分别	（副）	fēnbié	15.3
分公司		fēngōngsī	21.2
分句	（名）	fēnjù	19.3
分配	（动）	fēnpèi	24.2
分批		fēnpī	22.2
分期		fēnqī	22.2
分析	（动/名）	fēnxī	16.1
封口	（离）	fēng kǒu	15.3
凤凰	（名）	fènghuáng	24.3
奉陪	（动）	fèngpéi	14.2
肤色	（名）	fūsè	24.2
服装	（名）	fúzhuāng	16.1
符合	（动）	fúhé	19.3
幅员	（名）	fúyuán	14.1
辅料	（名）	fǔliào	23.1
负担	（动/名）	fùdān	17.3
附加险		fùjiāxiǎn	17.1
复验权		fùyànquán	18.1
复印件	（名）	fùyìnjiàn	20.1

G

改进	（动/名）	gǎijìn	15.1
改天	（名）	gǎitiān	16.1
杆	（量）	gān	21.2
赶	（动）	gǎn	13.1/19.3
感觉	（动/名）	gǎnjué	19.3
港口	（名）	gǎngkǒu	14.1
港务局	（名）	gǎngwùjú	20.1
高档	（形）	gāodàng	15.1

高科技		gāokējì	24.1
高手	(名)	gāoshǒu	16.3
高速	(形)	gāosù	21.3
高温	(名)	gāowēn	15.3
隔	(动)	gé	14.3
个别	(形)	gèbié	19.3
根本	(名/形)	gēnběn	13.3
更衣室	(名)	gēngyīshì	21.2
工缴费	(名)	gōngjiǎofèi	23.3
工具	(名)	gōngjù	13.3
工艺	(名)	gōngyì	15.1
公路	(名)	gōnglù	21.3
公民	(名)	gōngmín	13.3
公平	(形)	gōngpíng	18.3
公寓	(名)	gōngyù	24.3
供不应求		gōng bú yìng qiú	15.3
供大于求		gōng dà yú qiú	16.3
恭候	(动)	gōnghòu	21.1
共	(副)	gòng	24.1
共同	(形)	gòngtóng	16.1
购	(动)	gòu	19.2
古代	(名)	gǔdài	15.1
古话	(名)	gǔhuà	15.1
古人	(名)	gǔrén	16.2
股份	(名)	gǔfèn	24.1
固然	(连)	gùrán	15.1
固体	(名)	gùtǐ	15.3
拐	(动)	guǎi	24.3
怪	(动)	guài	18.1
怪罪	(动)	guàizuì	18.3
关键	(名)	guānjiàn	15.1
关税	(名)	guānshuì	14.3
惯	(形)	guàn	14.1
罐装		guànzhuāng	15.2

214

广泛	（形）	guǎngfàn	16.2
锅	（名）	guō	14.3
国产	（形）	guóchǎn	23.3
国界	（名）	guójiè	24.2
国情	（名）	guóqíng	13.3
国有		guóyǒu	22.1
果汁	（名）	guǒzhī	17.1
过分	（形）	guòfèn	18.2
过关	（离）	guò guān	23.1
过失	（名）	guòshī	19.2

H

海陆联运		hǎilù liányùn	14.2
海外	（名）	hǎiwài	19.2
海运		hǎiyùn	17.2
含	（动）	hán	16.2
含量	（名）	hánliàng	15.1
航空运输险		hángkōng yùnshūxiǎn	17.1
航线	（名）	hángxiàn	14.1
行	（量）	háng	19.3
毫无		háowú	15.1
好处	（名）	hǎochu	20.3
好坏	（名）	hǎohuài	15.1
好容易	（副）	hǎoróngyì	14.3
嗬	（叹）	hē	19.1
合璧	（动）	hébì	18.2
合同	（名）	hétong	13.1
合同法	（名）	hétongfǎ	19.2
核对	（动）	héduì	17.1
盒	（名/量）	hé	15.1
黑色	（名）	hēisè	15.3
红色素	（名）	hóngsèsù	15.3
洪水	（名）	hóngshuǐ	19.2

厚	（形）	hòu	15.3
候机厅		hòujītīng	24.1
忽视	（动）	hūshì	15.1
互联网		hùliánwǎng	19.2
互通		hùtōng	24.2
化身	（名）	huàshēn	14.2
化验	（动）	huàyàn	16.2
灰	（形）	huī	16.1
回归	（动）	huíguī	21.2
回收	（动）	huíshōu	15.2
回信儿	（离）	huí xìnr	17.3
汇报	（动/名）	huìbào	20.1
混凝土	（名）	hùnníngtǔ	16.2
混淆	（动）	hùnxiáo	14.3
伙伴	（名）	huǒbàn	22.3
或	（连）	huò	16.3
货柜	（名）	huòguì	14.1
货轮	（名）	huòlún	14.1

J

基本	（形）	jīběn	13.2
基本险		jīběnxiǎn	17.1
激烈	（形）	jīliè	17.1
及时	（形）	jíshí	13.1
级	（名）	jí	14.1
亟须		jíxū	16.2
集合包装		jíhé bāozhuāng	16.2
集装袋		jízhuāngdài	16.2
集装箱	（名）	jízhuāngxiāng	14.1
记录	（名/动）	jìlù	19.1
记性	（名）	jìxing	22.3
加班	（离）	jiā bān	13.2
加保		jiābǎo	17.2

216

加大	（形）	jiādà	24.1
加工	（离）	jiā gōng	15.1
佳	（形）	jiā	16.3
家禽	（名）	jiāqín	18.1
甲方	（名）	jiǎfāng	19.3
架	（量）	jià	23.2
减少	（动）	jiǎnshǎo	22.3
见外	（动）	jiànwài	23.3
见笑	（动）	jiànxiào	23.3
建	（动）	jiàn	14.1
建设	（动/名）	jiànshè	24.3
渐渐	（副）	jiànjiàn	16.3
箭头	（名）	jiàntóu	15.3
酱	（名）	jiàng	15.3
交付	（动）	jiāofù	22.2
交换	（动）	jiāohuàn	20.1
交流	（动/名）	jiāoliú	24.2
交往	（动）	jiāowǎng	22.2
交易	（名/动）	jiāoyì	19.2
郊区	（名）	jiāoqū	24.1
胶带	（名）	jiāodài	16.1
轿车	（名）	jiàochē	22.1
接近	（动）	jiējìn	14.2
接受	（动）	jiēshòu	20.3
节约	（动）	jiéyuē	13.3
结晶	（名）	jiéjīng	24.2
解除	（动）	jiěchú	19.3
介意	（离）	jiè yì	18.2
今后	（名）	jīnhòu	19.2
金	（名）	jīn	24.3
金属	（名）	jīnshǔ	15.2
近期	（名）	jìnqī	24.2
进入	（动）	jìnrù	14.1
进一步		jìnyíbù	24.3

经	（动）	jīng	19.3
经济	（形）	jīngjì	13.3
净	（形）	jìng	15.1
净重	（名）	jìngzhòng	15.3
竟然	（副）	jìngrán	19.1
就	（介）	jiù	19.2
就	（副）	jiù	15.2
就是	（连）	jiùshì	18.3
居然	（副）	jūrán	19.1
局	（量）	jú	23.3
举办	（动）	jǔbàn	19.3
举例	（离）	jǔ lì	19.2
拒绝	（动）	jùjué	20.3
具备	（动）	jùbèi	17.1
距	（介）	jù	16.2
决	（副）	jué	15.3
菌	（名）	jūn	15.3

K

开展	（动）	kāizhǎn	14.1
抗拒	（动）	kàngjù	19.2
靠近	（动）	kàojìn	17.3
科研	（名）	kēyán	24.1
可	（副）	kě	16.2
可见	（连）	kějiàn	22.3
可惜	（形）	kěxī	14.3
课题	（名）	kètí	22.2
空	（形）	kōng	23.3
空儿	（名）	kòngr	16.1
空调	（名）	kōngtiáo	13.2
空运		kōngyùn	13.1
口音	（名）	kǒuyīn	14.1
跨国公司		kuà guó gōngsī	24.3

| 快件 | （名） | kuàijiàn | 23.1 |
| 会计师 | （名） | kuàijìshī | 23.2 |

L

来件装配		lái jiàn zhuāngpèi	23.2
来料加工		lái liào jiāgōng	23.1
来样加工		lái yàng jiāgōng	23.3
来着	（助）	láizhe	21.2
栏	（名）	lán	17.2
老板	（名）	lǎobǎn	23.3
老天	（名）	lǎotiān	13.1
乐天派	（名）	lètiānpài	13.1
类型	（名）	lèixíng	14.1
冷藏	（形/动）	lěngcáng	18.1
冷冻	（动/形）	lěngdòng	18.1
礼品盒		lǐpǐnhé	15.1
礼品式		lǐpǐnshì	15.1
理解	（动）	lǐjiě	20.3
理赔	（名）	lǐpéi	20.3
理想	（名）	lǐxiǎng	15.3
力	（名）	lì	19.1
利	（名）	lì	17.1
例	（名）	lì	22.1
连锁	（名）	liánsuǒ	23.2
良机	（名）	liángjī	23.3
辽阔	（形）	liáokuò	14.1
聊	（动）	liáo	14.1
料	（动）	liào	13.2
列举	（动）	lièjǔ	19.2
林业	（名）	línyè	24.1
灵敏	（形）	língmǐn	23.2
灵通	（形）	língtōng	22.2
零件	（名）	língjiàn	23.2

零售	（动）	língshòu	13.3
领	（动）	lǐng	16.1
另行		lìngxíng	24.1
流行	（动/形）	liúxíng	15.2
履行	（动）	lǚxíng	19.2
绿化	（动）	lǜhuà	24.3
绿色食品		lǜsè shípǐn	15.3
略	（副）	lüè	24.2

M

麻袋	（名）	mádài	14.2
码头	（名）	mǎtou	14.1
唛头	（名）	màitóu	16.2
瞒	（动）	mán	18.2
满足	（动）	mǎnzú	16.1
盲目	（形）	mángmù	13.3
毛病	（名）	máobìng	13.2
毛重	（名）	máozhòng	15.1
没事儿		méishìr	13.2
每	（副）	měi	15.1
美观	（形）	měiguān	15.1
米粒	（名）	mǐlì	14.3
密封	（动）	mìfēng	15.2
免除	（动）	miǎnchú	19.2
免费	（离）	miǎn fèi	22.1
免检		miǎnjiǎn	18.2
面料	（名）	miànliào	16.1
面谈	（名/动）	miàntán	22.1
灭	（动）	miè	15.3
敏捷	（形）	mǐnjié	16.3
名气	（名）	míngqì	17.1
明确	（形/动）	míngquè	19.2
明显	（形）	míngxiǎn	15.3

命名		mìng míng	23.2
磨	（动）	mó	19.1
某	（代）	mǒu	18.1
目的地		mùdìdì	17.2
目前	（名）	mùqián	22.3
幕间	（名）	mùjiān	24.2

N

内包装		nèibāozhuāng	15.1
内地	（名）	nèidì	14.1
内陆		nèilù	13.3
内陆险		nèilùxiǎn	17.2
那时	（代）	nàshí	15.1
奶牛场		nǎiniúchǎng	24.1
奶制品	（名）	nǎizhìpǐn	15.2
耐心	（形/名）	nàixīn	24.1
南方	（名）	nánfāng	14.3
难处	（名）	nánchu	13.2
难怪	（连）	nánguài	14.2
难免	（形）	nánmiǎn	19.1
难说	（形）	nánshuō	16.3
能否		néngfǒu	16.3
能见度	（名）	néngjiàndù	24.1
能源	（名）	néngyuán	13.3
年代	（名）	niándài	23.1
年限	（名）	niánxiàn	24.3
农副产品		nóngfùchǎnpǐn	24.1
女士	（名）	nǚshì	24.1

O

偶然	（形）	ǒurán	23.1

P

拍卖会	（名）	pāimàihuì	19.3
排	（动）	pái	16.1
排除	（动）	páichú	17.3
判决	（动）	pànjué	19.1
跑题	（离）	pǎo tí	13.2
泡	（动）	pào	15.1
培训	（动）	péixùn	22.1
配件	（名）	pèijiàn	22.1
配套	（离）	pèi tào	22.1
批发	（动）	pīfā	16.3
皮	（名）	pí	17.3
皮革	（名）	pígé	22.3
脾气	（名）	píqi	13.1
偏	（副）	piān	14.3
拼箱		pīnxiāng	16.3
品	（动/尾）	pǐn	16.3
品尝	（动）	pǐncháng	15.1
品名	（名）	pǐnmíng	19.1
品质检验书		pǐnzhì jiǎnyànshū	18.2
平安险		píng'ānxiǎn	17.2
平方米	（量）	píngfāngmǐ	24.3
平房	（名）	píngfáng	23.1
平均	（动/形）	píngjūn	13.1
平时	（名）	píngshí	16.3
瓶装		píngzhuāng	15.2
破坏	（动）	pòhuài	15.2
破损	（动）	pòsǔn	14.2

Q

沏	（动）	qī	15.1

起	（量）	qǐ	20.2
起草	（离）	qǐ cǎo	17.1
起飞	（动）	qǐfēi	24.1
起诉	（动）	qǐsù	19.1
起运地	（名）	qǐyùndì	14.2
气象	（名）	qìxiàng	13.1
恰好	（副）	qiàhǎo	19.1
谦虚	（形）	qiānxū	24.2
签发	（动）	qiānfā	18.2
前方	（名）	qiánfāng	15.3
前头	（名）	qiántou	18.1
潜力	（名）	qiánlì	15.2
抢手	（形）	qiǎngshǒu	16.1
悄悄	（副）	qiāoqiāo	15.2
巧妙	（形）	qiǎomiào	22.3
亲朋好友		qīnpéng hǎoyǒu	16.3
侵犯	（动）	qīnfàn	23.2
轻便	（形）	qīngbiàn	23.3
轻易	（形）	qīngyì	22.2
清	（形）	qīng	21.2
清洗	（动）	qīngxǐ	15.3
清新	（形）	qīngxīn	21.2
情报	（名）	qíngbào	22.2
庆幸	（形）	qìngxìng	19.2
求	（动）	qiú	19.2
区	（名）	qū	24.3
区别	（动/名）	qūbié	19.1
全部	（名）	quánbù	19.3
权	（名）	quán	19.3
泉	（名）	quán	21.2
确定	（动）	quèdìng	13.1

R

绕道	（离）	rào dào	21.1
人力	（名）	rénlì	19.2
人士	（名）	rénshì	13.1
人选	（名）	rénxuǎn	21.3
人造	（形）	rénzào	22.3
认证	（动）	rènzhèng	18.2
认证书	（名）	rènzhèngshū	18.2
绒毛	（名）	róngmáo	10.1
容积	（名）	róngjī	14.1
如何	（代）	rúhé	15.2
如实	（副）	rúshí	22.3
软	（形）	ruǎn	23.3
软包装		ruǎnbāozhuāng	15.3
软件	（名）	ruǎnjiàn	23.1

S

三资企业		sānzī qǐyè	24.3
散装		sǎnzhuāng	18.3
散装箱	（名）	sǎnzhuāngxiāng	14.2
色	（名）	sè	16.1
色调	（名）	sèdiào	23.2
色素	（名）	sèsù	15.3
商检法		shāngjiǎnfǎ	18.1
商检证书		shāngjiǎnzhèngshū	18.1
商人	（名）	shāngrén	14.1
商务	（名）	shāngwù	19.2
上报	（动）	shàngbào	24.2
上帝	（名）	shàngdì	23.1
上调	（动）	shàngtiáo	17.3
上面	（名）	shàngmian	12.2

224

上述	（名）	shàngshù	24.3
上限	（名）	shàngxiàn	24.1
上旬	（名）	shàngxún	13.2
捎	（动）	shāo	17.2
设计	（动/名）	shèjì	13.2
社会	（名）	shèhuì	19.2
深加工		shēnjiāgōng	24.1
审核	（动）	shěnhé	19.3
渗漏	（动）	shènlòu	16.2
生	（动）	shēng	17.3
生长	（动）	shēngzhǎng	15.3
生态	（名）	shēngtài	24.1
胜	（动）	shèng	16.3
失去	（动）	shīqù	14.3
诗人	（名）	shīrén	21.2
湿	（形）	shī	18.3
实地	（名）	shídì	22.2
实际	（名/形）	shíjì	23.2
实力	（名）	shílì	17.1
实在	（副）	shízài	16.1
食用	（动）	shíyòng	15.3
使	（动）	shǐ	14.2
仕女	（名）	shìnǚ	15.1
事后	（名）	shìhòu	18.3
事件	（名）	shìjiàn	18.3
事物	（名）	shìwù	19.2
事先	（名）	shìxiān	18.3
收货人		shōuhuòrén	17.2
收集	（动）	shōují	13.1
受方	（名）	shòufāng	22.1
受益		shòuyì	19.2
售	（动）	shòu	18.2
售货确认书		shòuhuò quèrènshū	19.3
书面	（名）	shūmiàn	21.2

属于	(动)	shǔyú	19.2
水泥	(名)	shuǐní	16.2
水渍险		shuǐzìxiǎn	17.2
私人	(名)	sīrén	13.3
思维	(名)	sīwéi	16.3
思想	(名)	sīxiǎng	24.1
撕	(动)	sī	15.3
速溶	(形)	sùróng	15.2
塑料	(名)	sùliào	15.2
塑质包装		sùzhì bāozhuāng	15.2
酸奶	(名)	suānnǎi	15.2
虽说	(连)	suīshuō	24.2
损失	(动/名)	sǔnshī	17.2
所	(名)	suǒ	24.1
所在地		suǒzàidì	17.2
索赔	(动/名)	suǒpéi	18.3

T

台风	(名)	táifēng	17.2
谈判	(动)	tánpàn	23.3
弹性	(名)	tánxìng	23.3
烫	(动/形)	tàng	16.1
套	(量/动)	tào	23.3
特色	(名)	tèsè	15.1
提倡	(动)	tíchàng	13.3
提前	(动)	tíqián	13.1
替代	(动)	tìdài	15.2
天然	(形)	tiānrán	13.3
填写	(动)	tiánxiě	17.2
调整	(动)	tiáozhěng	18.1
条形码	(名)	tiáoxíngmǎ	15.3
铁	(名)	tiě	15.3
铁路	(名)	tiělù	15.2

铁皮	（名）	tiěpí	17.3
厅	（名）	tīng	17.1
挺括	（形）	tǐnggua	16.1
通报	（动/名）	tōngbào	22.2
同类	（名）	tónglèi	15.3
同一	（动）	tóngyī	22.1
桶	（名）	tǒng	15.1
桶装		tǒngzhuāng	16.3
偷窃、提货不着险		tōuqiè、tíhuò bù zháo xiǎn	17.3
偷窃	（动）	tōuqiè	17.3
投保	（离）	tóu bǎo	17.1
透漏	（动）	tòulòu	22.1
图样	（名）	túyàng	23.1
图纸	（名）	túzhǐ	22.3
屠宰	（动）	túzǎi	18.1
土地	（名）	tǔdì	24.1
土质	（名）	tǔzhì	15.3
推迟	（动）	tuīchí	20.1
推销	（动）	tuīxiāo	21.1
退耕还林		tuì gēng huán lín	24.1

W

瓦楞	（名）	wǎléng	16.1
外形	（名）	wàixíng	14.3
网上		wǎng shang	19.2
网站		wǎngzhàn	19.2
旺季	（名）	wàngjì	13.1
维修	（动）	wéixiū	22.1
委托人	（名）	wěituōrén	20.2
委托书		wěituōshū	17.1
委员会	（名）	wěiyuánhuì	19.1
卫生	（形/名）	wèishēng	15.3
卫生检验证书		wèishēng jiǎnyàn zhèngshū	18.1

为……起见		wèi……qǐjiàn	18.3
未	（副）	wèi	19.3
温度	（名）	wēndù	18.1
文本	（名）	wénběn	19.1
文件	（名）	wénjiàn	23.3
文字	（名）	wénzì	18.2
稳	（形）	wěn	23.3
乌龙茶	（名）	wūlóngchá	23.1
污染	（动/名）	wūrǎn	13.3
无能为力		wú néng wéi lì	16.3
无所谓	（动）	wúsuǒwèi	22.1
梧桐	（名）	wútóng	24.3
五颜六色		wǔ yán liù sè	15.2
物色	（动）	wùsè	17.3
误解	（动）	wùjiě	19.1
雾	（名）	wù	24.1

X

西方	（名）	xīfāng	21.1
西服	（名）	xīfú	23.1
西红柿	（名）	xīhóngshì	15.3
席	（量）	xí	22.3
洗涤	（动）	xǐdí	16.1
喜爱	（动）	xǐ'ài	16.3
喜庆	（名）	xǐqìng	16.3
戏剧	（名）	xìjù	24.2
系列	（名）	xìliè	18.2
下方	（名）	xiàfāng	15.3
下面	（名）	xiàmian	15.3
吓	（叹）	hè	23.3
籼米	（名）	xiānmǐ	14.3
险别	（名）	xiǎnbié	17.2
险种	（名）	xiǎnzhǒng	17.1

现状	（名）	xiànzhuàng	24.2
限额	（名）	xiàn'é	21.1
相互	（副）	xiānghù	16.2
相同	（形）	xiāngtóng	16.2
享受	（名/动）	xiǎngshòu	21.2
项目	（名）	xiàngmù	22.1
消毒	（离）	xiāo dú	15.3
消费	（动）	xiāofèi	16.1
销	（动）	xiāo	21.3
销路	（名）	xiāolù	14.3
小麦	（名）	xiǎomài	18.3
小心	（形/动）	xiǎoxīn	16.3
小心轻放		xiǎoxīn qīng fàng	16.3
欣赏	（动）	xīnshǎng	24.2
信仰	（名）	xìnyǎng	24.2
兴办	（动）	xīngbàn	24.1
腥	（形）	xīng	14.3
幸亏	（副）	xìngkuī	19.2
修改	（动/名）	xiūgǎi	19.1
锈	（名/动）	xiù	17.3
锈损险		xiùsǔnxiǎn	17.3
需求	（名）	xūqiú	13.1
畜牧业		xùmùyè	24.1
悬挂式		xuánguàshì	16.1
寻找	（动）	xúnzhǎo	16.1
训练	（动）	xùnliàn	14.1

Y

压	（动）	yā	16.2
严格	（形/动）	yángé	18.1
眼福	（名）	yǎnfú	14.2
羊绒	（名）	yángróng	13.1
阳光	（名）	yángguāng	15.3

养殖业	（名）	yǎngzhíyè	24.1
样式	（名）	yàngshì	15.1
遥控器	（名）	yáokòngqì	23.2
药疗		yàoliáo	13.2
要	（连）	yào	16.1
要不	（连）	yàobù	19.2
要不然	（连）	yàoburán	21.3
要不是	（连）	yàobushì	19.3
业	（名）	yè	15.2
业内		yènèi	16.1
夜宵	（名）	yèxiāo	23.3
一一	（副）	yīyī	19.2
一次性		yícìxìng	22.2
一路平安		yílù píng'ān	17.1
一切险		yíqièxiǎn	17.2
一日千里		yí rì qiān lǐ	16.2
一体化	（名）	yìtǐhuà	24.2
衣裳	（名）	yīshang	15.1
仪器	（名）	yíqì	22.3
遗留	（动）	yíliú	20.3
遗址	（名）	yízhǐ	16.2
乙方	（名）	yǐfāng	19.3
以便	（连）	yǐbiàn	16.3
以免	（连）	yǐmiǎn	18.1
以上	（名）	yǐshàng	22.2
异	（形）	yì	18.2
译文	（名）	yìwén	18.2
易拉式		yìlāshì	15.3
意外事故		yìwài shìgù	19.2
意想	（动）	yìxiǎng	19.3
意向	（名）	yìxiàng	24.2
引	（动）	yǐn	24.3
引见	（动）	yǐnjiàn	16.1
引起	（动）	yǐnqǐ	19.2

印	（动）	yìn	15.1
印刷	（动）	yìnshuā	15.3
营销	（名）	yíngxiāo	23.3
营养	（名）	yíngyǎng	16.3
影印件	（名）	yǐngyìnjiàn	20.2
硬	（形）	yìng	23.3
硬包装		yìngbāozhuāng	15.3
硬件	（名）	yìngjiàn	23.1
硬质		yìngzhì	15.2
哟	（叹）	yō	21.3
永恒	（名）	yǒnghéng	24.2
悠久	（形）	yōujiǔ	14.1
尤其	（副）	yóuqí	15.2
由于	（介/连）	yóuyú	14.3
有偿	（动）	yǒucháng	13.1
有趣	（形）	yǒuqù	16.2
有助于		yǒuzhùyú	16.3
于	（介）	yú	16.3
娱乐	（动/名）	yúlè	23.1
与	（介/连）	yǔ	16.2
羽绒服	（名）	yǔróngfú	13.1
预报	（动/名）	yùbào	13.1
预测	（动）	yùcè	13.1
预检		yùjiǎn	18.1
欲望	（名）	yùwàng	15.1
原	（形）	yuán	13.2
缘分	（名）	yuánfèn	20.2
缘故	（名）	yuángù	22.2
远见	（名）	yuǎnjiàn	13.1
约束	（动）	yuēshù	19.1
约束力	（名）	yuēshùlì	19.1
运	（动）	yùn	14.1
运动服	（名）	yùndòngfú	23.1
运动鞋		yùndòngxié	23.3

| 运气 | （名） | yùnqi | 19.2 |
| 运输 | （动/名） | yùnshū | 14.1 |

Z

杂志	（名）	zázhì	16.2
杂质	（名）	zázhì	14.3
宰	（动）	zǎi	18.1
再三	（副）	zàisān	19.3
再说	（连）	zàishuō	13.1
造	（动）	zào	19.2
造成		zàochéng	16.2
责任	（名）	zérèn	17.2
增强	（动）	zēngqiáng	22.3
沾	（动）	zhān	17.3
展台	（名）	zhǎntái	23.2
占领	（动）	zhànlǐng	14.3
占用	（动）	zhànyòng	20.1
战争	（名）	zhànzhēng	19.2
掌握	（动）	zhǎngwò	13.1
照片儿	（名）	zhàopiānr	15.3
折	（动）	zhé	24.1
折叠式		zhédiéshì	16.1
折算	（动）	zhésuàn	24.1
针灸	（动）	zhēnjiǔ	13.2
征求	（动）	zhēngqiú	14.3
整箱		zhěngxiāng	16.3
正本	（名）	zhèngběn	19.1
正常	（形）	zhèngcháng	14.3
正规	（形）	zhèngguī	14.1
正式	（形）	zhèngshì	22.2
证书	（名）	zhèngshū	18.2
直接投资		zhíjiē tóuzī	24.3
值得	（动）	zhídé	19.2

只有	（副）	zhǐyǒu	20.1
只要	（连）	zhǐyào	20.2
纸板	（名）	zhǐbǎn	16.1
纸铝箔	（名）	zhǐlǚbó	15.2
纸质包装		zhǐzhì bāozhuāng	15.2
指导	（动）	zhǐdǎo	22.3
指示标志		zhǐshì biāozhì	16.3
至于	（连）	zhìyú	16.1
制度	（名）	zhìdù	24.2
制造商	（名）	zhìzàoshāng	16.1
制作	（动）	zhìzuò	15.1
致富		zhìfù	24.1
致使	（动）	zhìshǐ	19.2
中国通	（名）	Zhōngguó tōng	24.2
中期	（名）	zhōngqī	23.1
仲裁	（名/动）	zhòngcái	19.1
重量检验证书		zhòngliàng jiǎnyàn zhèngshū	18.3
重视	（动）	zhòngshì	15.1
重心	（名）	zhòngxīn	23.3
周末	（名）	zhōumò	23.3
周转	（动）	zhōuzhuǎn	21.2
逐	（副）	zhú	21.2
主人公	（名）	zhǔréngōng	24.2
主题	（名）	zhǔtí	24.2
主体	（名）	zhǔtǐ	19.2
主旋律	（名）	zhǔxuánlǜ	16.1
住宅	（名）	zhùzhái	24.3
助理	（名）	zhùlǐ	22.3
助兴	（离）	zhù xìng	16.3
注	（动）	zhù	15.1
驻	（动）	zhù	18.3
专家	（名）	zhuānjiā	22.2
专利	（名）	zhuānlì	22.1
专门	（形）	zhuānmén	13.1

专　名

A

B

C

H

J

K

L

Z